Hombres y engranajes
Heterodoxia

Literatura

Ernesto Sábato

Hombres y engranajes
Heterodoxia

El libro de bolsillo
Literatura hispanoamericana
Alianza Editorial

Primera edición en «El libro de bolsillo»: 1973
Sexta reimpresión: 1998
Primera edición en «Área de conocimiento: Literatura»: 2000

Diseño de cubierta: Alianza Editorial
Cubierta: Ángel Uriarte

Calle Juan Ignacio Luca de Tena, 15;
28027 Madrid; teléfono 91 393 88 88
ISBN: 84-206-3579-0
Depósito legal: M. 15.532-2000
Impreso en Fernández Ciudad, S. L.
Printed in Spain

A la memoria de mi padre

Me sería muy difícil relatar cómo se han transformado mis convicciones, más aún no siendo ello, probablemente, muy interesante.

DOSTOYEVKI, *El diario de un escritor*

¡La historia de la transformación de las convicciones! ¿Existe, acaso, en todo el dominio de la literatura, historia alguna de interés más palpitante?

CHESTOV, *La filosofía de la tragedia*

Justificación

Uno se embarca hacia tierras lejanas, indaga la naturaleza, ansía el conocimiento de los hombres, inventa seres de ficción, busca a Dios. Después se comprende que el fantasma que se perseguía era Uno-Mismo.

Reflexioné mucho sobre el título y la calificación que deberían llevar estas páginas. No creo que sea muy desacertado tomarlas como autobiografía espiritual, como diario de una crisis, a la vez personal y universal, como un simple reflejo del derrumbe de la civilización occidental en un hombre de nuestro tiempo. Este derrumbe que los comunistas imaginan un mero derrumbe del sistema capitalista, sin advertir que es la crisis de toda la civilización basada en la razón y la máquina, civilización de la que ellos mismos y su sistema forman parte.

Estas reflexiones no forman un cuerpo sistemático ni pretenden satisfacer las exigencias de la forma literaria: no soy un filósofo y Dios me libre de ser un literato; son la expresión irregular de un hombre de nuestro tiempo que se ha visto obligado a reflexionar sobre el caos que lo rodea. Y si las refutaciones de teorías y personas son muchas veces violentas y ásperas, téngase presente que esa violencia se ejerce por igual contra antiguas ilusiones mías, que sobreviven en letra muerta, en algún libro, a su muerte en mi propio espíritu; en ocasiones, a su añorada muerte. Porque también podemos añorar nuestras equivocaciones.

En 1934, cuando era un estudiante, fui enviado a un congreso comunista en Bruselas. Iba a Europa imaginando que los males del movimiento podían ser exclusivamente argentinos; todavía conservaba muchas ingenuidades, todavía me resistía a aceptar el movimiento stalinista como un sistema de vasos comunicantes.

El universo burgués me había asqueado, como a tantos adolescentes, y me sentí impulsado hacia la revolución. Pero de pronto, ese movimiento revolucionario se me hundía bajo los pies, repentinamente me encontré en un vasto caos de seres y cosas. La existencia, como al personaje de La náusea, *se me aparecía como un insensato gigantesco y gelatinoso laberinto; y como él, sentí la ansiedad de un orden puro, de una estructura de acero pulido, nítida y fuerte. Así lo había sentido ya en mi adolescencia, cuando me precipité hacia la matemática, y ahora se volvía a repetir el fenómeno, aunque con más fuerza y desesperación. De ese modo, retorné a ese universo no carnal, a esa especie de refugio de alta montaña al que no llegan los ruidos de los hombres ni sus confusas contiendas. Durante algunos años estudié, con frenesí, casi con furor, las cosas abstractas, me di inyecciones de transparente opio, viví en el paraíso artificial de los objetos ideales.*

Pero en cuanto levantaba la cabeza de los logaritmos y sinusoides, encontraba el rostro de los hombres. En 1938 trabajaba en el Laboratorio Curie, de París. Me da risa y asco contra mí mismo cuando me recuerdo entre electrómetros, soportando todavía la estrechez espiritual y la vanidad de aquellos cientistas, vanidad tanto más despreciable porque se revestía siempre de frases sobre la Humanidad, el Progreso y otros fetiches abstractos por el estilo; mientras se aproximaba la guerra, en la que esa Ciencia, que según esos señores, había venido para liberar al hombre de todos sus males fisisos y metafísicos, iba a ser el instrumento de la matanza mecanizada.

Allí, en 1938, supe que mi fugaz paso por la ciencia había concluido. ¡Cómo comprendí entonces el valor moral del surrealismo, su fuerza destructiva contra los mitos de una civilización terminada, su fuego purificador, aun a pesar de todos los farsantes que aprovechaban de su nombre!

De Francia pasé a los Estados Unidos, donde pude ver el Capitalismo Maquinista en su más vasta perfección. Volví a mi patria y empecé a escribir un primer balance, que publiqué en 1945 bajo el título de Uno y el universo. *En el prólogo, escribí: «La ciencia ha sido un compañero de viaje, durante un trecho, pero ya ha quedado atrás. Todavía cuando nostálgicamente vuelvo la cabeza, puedo ver algunas de las altas torres que divisé en mi adolescencia y me atrajeron con su belleza desposeída de los vicios carnales. Pronto desaparecerán de mi horizonte y sólo quedará el recuerdo. Muchos pensarán que ésta es una traición a la amistad, cuando es fidelidad a mi condición humana. De todos modos, reivindico el mérito de abandonar esa clara ciudad de las torres –donde reinan la seguridad y el orden– en busca de un continente lleno de peligros, donde domina la conjetura».*

Durante cinco años me he movido en este continente conjetural. Sé mucho menos que antes, pero al menos ahora sé que no sé y sonrío melancólicamente al releer algunos capítulos de aquel primer balance, todavía habitado de tantos fantasmas, todavía candoroso creyente en ciertos cadáveres del mundo que fue. No incurrir en la nueva ingenuidad de imaginar que ahora *me he desembarazado de cadáveres y fantasmas. Pero sí tengo la convicción de entrever ya con mayor crueldad los contornos del Uno-Mismo en medio de la confusión del Universo.*

Santos Lugares, marzo de 1951

Hombres y engranajes

Introducción

Dice Martin Buber que la problemática del hombre se replantea cada vez que parece rescindirse el pacto primero entre el mundo y el ser humano, en tiempos en que el ser humano parece encontrarse en el mundo como un extranjero solitario y desamparado. Son tiempos en que se ha borrado una imagen del Universo, desapareciendo con ella la sensación de seguridad que se tiene ante lo familiar: el hombre se siente a la intemperie, sin hogar. Entonces, se pregunta nuevamente sobre sí mismo.

Así es nuestro tiempo. El mundo cruje y amenaza derrumbarse, ese mundo que, para mayor ironía, es el producto de nuestra voluntad, de nuestro prometeico intento de dominación. Es una quiebra total. Dos guerras mundiales, las dictaduras totalitarias y los campos de concentración nos han abierto por fin los ojos, para revelarnos con crudeza la clase de monstruo que habíamos engendrado y criado orgullosamente.

Ha llegado el momento de decir adiós al siglo XIX, a ese maravilloso siglo XIX, con Stephenson y su máquina de vapor, su electricidad, su pujante economía capitalista, su optimismo cósmico. Ese siglo en que todos los males de la humanidad iban a ser resueltos mediante la Ciencia y el Progreso de las Ideas; en que se ponía a los hijos nombres como Luz y Libertad, y en que se constituían bibliotecas de barrio llamadas *Músculo y Cerebro.*

No me río de algo tan entrañablemente unido a mi infancia y adolescencia: más bien me sonrío con esa irónica ternura con que miramos las viejas fotografías de nuestros abuelos. Todavía recuerdo los días de mi niñez en un pueblo pampeano, con sus socialistas de corbata voladora y grandes sombreros negros. Y aquellas bibliotecas en que se acumulaban libros de tapas blancas, con el retrato del autor en un óvalo: Reclus, Spencer, Zola o Darwin, ya que hasta la teoría de la evolución parecía subversiva y un extraño vínculo unía la historia de los peces y marsupiales con el Triunfo de los Nuevos Ideales. Y tampoco faltaba la *Energética,* de Ostwald, esa especie de biblia termodinámica, en que Dios aparecía sustituido por un ente laico pero también enigmático, llamado Energía, que, como su predecesor, lo explicaba y lo podía todo, con la ventaja de estar relacionado con la Locomotora.

El siglo XX esperaba agazapado como un asaltante nocturno a una pareja de enamorados un poco cursis. Esperaba con sus carnicerías mecanizadas, el asesinato en masa de los judíos, la quiebra del sistema parlamentario, el fin del liberalismo económico, la desesperanza y el miedo. En cuanto a la Ciencia, que iba a dar solución a todos los problemas del cielo y de la tierra, había servido para facilitar la concentración estatal y mientras por un lado la crisis epistemológica atenuaba su arrogancia, por el otro se mostraba al servicio de la destrucción y de la muerte. Y así aprendimos brutalmente una verdad que debíamos haber previsto, dada la esencia amoral del conocimiento científico: que la ciencia no es por sí misma garantía de nada, porque a sus realizaciones le son ajenas las preocupaciones éticas.

Frente al caos capitalista, surgió el movimiento socialista, pero pronto adquirió los atributos del siglo que quería combatir: la Ciencia y la Máquina se convirtieron en sus dioses tutelares, y al socialismo «utópico» de Owen, Fourier y Saint-Simon sucedió el socialismo «científico» de Marx. Y de este modo, la concentración del poder estatal mediante la ciencia y la economía condujo a los superestados basados en la máquina y en la totalización.

Esta crisis no es sólo la crisis del sistema capitalista: es el fin de toda esa concepción de la vida y del hombre, que surgió en Occidente con el Renacimiento. De tal modo que es imposible entender este derrumbe si no se examina la esencia de esa civilización renacentista.

Tal como Berdiaeff advirtió, el Renacimiento se produjo mediante tres paradojas:

1.ª Fue un movimiento individualista que terminó en la masificación.

2.ª Fue un movimiento naturalista que terminó en la máquina.

3.ª Fue un movimiento humanista que terminó en la deshumanización.

Que no son sino aspectos de una sola y gigantesca paradoja: *la deshumanización de la humanidad.*

Esta paradoja, cuyas últimas y más trágicas consecuencias padecemos en la actualidad, fue el resultado de dos fuerzas dinámicas y amorales: *el dinero* y *la razón.* Con ellas, el hombre conquista el poder secular. Pero –y ahí está la raíz de la paradoja– esa conquista se hace mediante la *abstracción:* desde el lingote de oro hasta el *clearing,* desde la palanca hasta el logaritmo, la historia del creciente dominio del hombre sobre el universo ha sido también la historia de las sucesivas abstracciones. El capitalismo moderno y la ciencia positiva son las dos caras de una misma realidad desposeída de atributos concretos, de una abstracta fantasmagoría de la que también forma parte el hombre, pero no ya el hombre concreto e individual sino el hombre-masa, ese extraño ser todavía con aspecto humano, con ojos y llanto, voz y emociones, pero en verdad engranaje de una gigantesca maquinaria anónima. Éste es el destino contradictorio de aquel semidiós renacentista que reivindicó su individualidad, proclamando su voluntad de dominio y transformación de las cosas. Ignoraba que también él llegaría a transformarse en cosa.

Hombres como Pascal, William Blake, Dostoyevski, Baudelaire, Lautréamont, Kierkegaard y Nietzsche intuyeron que algo trágico se estaba gestando en medio del optimismo. Pero la Gran Maquinaria siguió adelante. Desolado, el hombre se sintió por fin en un universo incomprensible, cuyos objetivos desconocía y cuyos Amos, invisibles y crueles, lo llenaban de pavor. Mejor que nadie, Franz Kafka expresó la sensación de desamparo del hombre de nuestro tiempo. Y aunque la soledad del hombre es perenne, no sociológica sino metafísica, únicamente una sociedad como ésta podía revelarla en toda su magnitud. Así como ciertos monstruos sólo pueden ser entrevistos en las tinieblas nocturnas, la soledad de la criatura humana se tenía que revelar en toda su aterradora figura en este crepúsculo de la civilización maquinista.

1. La esencia del Renacimiento

El despertar del hombre laico

Cuando por primera vez estudié la historia mundial, en el colegio secundario, fui sorprendido por las extrañas virtudes del ejército turco, que más o menos se sintetizaban así: en 1453 tomaba a Constantinopla y ponía fin, de tal manera, a la Edad Media; inmediatamente, una cantidad de señores se ponían a refutar a Aristóteles con pesas que caían de una torre y planos inclinados, o mirando a través del tubo de un telescopio.

Esta doctrina sobre las propiedades del ejército turco es bastante popular y, aunque no sea con tal nitidez, figura en muchos textos escolares. Y hasta tal punto domina en la enseñanza que al doblar el cabo del año 1453 se pasa a otro volumen y a otro año de estudios.

Cuando ya de grande me interesé por la historia de la ciencia, encontré que en aquella época tenebrosa que antecedió a la caída de Constantinopla los europeos habían inventado o reinventado la pólvora, la imprenta, las armas de fuego, la brújula, la pintura al óleo, las catedrales, el molino de viento, el molino de agua, las lentes, el timón, la esclusa, la forja de fuelle, la medicina y la cirugía, el reloj mecánico, los fundamentos de la ciencia experimental, los vitrales, los esmaltes, los mapas matemáticos, la navegación de altura, la industria de los tejidos y del vidrio. ¿Quiénes habían elaborado todo eso?

En general, es peligroso cortar la historia en pedazos. Pero, si debemos buscar el viraje que originó nuestra civilización, hay que buscarlo en la época de las Cruzadas. Es ahí, en las comunas burguesas, donde verdaderamente se inician los Tiempos Modernos, con una nueva concepción del hombre y su destino.

Entre el derrumbe del Imperio Romano y el despertar del siglo XII el mundo occidental se sume en lo que propiamente debería llamarse «edad media». El hombre se sumerge en los valores espirituales y sólo vive para Dios: el dinero y la razón emigran hacia mejores territorios, refugiándose en Bizancio, en el imperio musulmán, entre los judíos. Bajo la doble presión de la ética cristiana y del aislamiento militar, el hombre de Occidente renunció durante seis siglos a las dos potencias que mejor parecen representar los halagos de la materia y del pensamiento, la tentación del espíritu mundano.

Es difícil precisar por qué despierta Occidente. Lo que sucede es el resultado de infinitos factores, desde una ética hasta la belleza de una mujer, desde una estructura económica hasta el poder de convicción de un fanático a caballo. Es muy difícil, y a menudo muy bizantino, establecer las causas últimas de un acontecer histórico; parece mejor tomar el hecho en su totalidad, como una estructura cerrada. Hacia la época de las Cruzadas comienza el despertar de Occidente, gracias a un conjunto de factores concomitantes: el debilitamiento del poder musulmán, la relativa tranquilidad de las ciudades después de tantos siglos de lucha y destrucción, la pérdida de las esperanzas en el advenimiento del reino de Dios sobre la tierra, la reapertura del comercio mediterráneo. ¿Cuál de todos ellos es el factor último? No es fácil discriminarlo. Pero en cambio es fácil advertir que debajo de todos ellos actúan dos fuerzas fundamentales: la razón y el dinero.

El levantamiento de la razón comienza en el seno de la teología hacia el siglo XI, con Berengario de Tours. San Pedro Damián combate esta tentativa, manifestando su desconfianza por la ciencia y la filosofía, poniendo en duda la validez de las leyes del pensamiento y, en particular, la validez absoluta del principio de contradicción, que aunque rige en el mundo de lo finito –afirma– no rige para el ser divino.

La polémica se agudiza con Abelardo, quien sostiene que no se debe creer sin pruebas: sólo la razón debe decidir en pro o en contra. Es silenciado por San Bernardo, pero representa, en pleno siglo XII, el heraldo de los tiempos nuevos, en que la inteligencia, ya desenfrenada, no reconocerá otra soberanía que la de la razón. «¡Oh, Jesús! –exclamará un teólogo en estado de embriaguez racionalista–. ¡Cuánto he reforzado y ensalzado Tu doctrina! En verdad, si fuera Tu enemigo, podría invalidarla y refutarla con argumentos todavía más poderosos.»

Pero para que esa soberanía de la razón se estableciera, era menester el afianzamiento de su aliado el dinero. Entonces, toda la gigantesca estructura de la Iglesia y de la Feudalidad se vendrá abajo.

El dinero había aumentado silenciosamente su poderío en las comunas italianas desde las Cruzadas. La Primera Cruzada, la Cruzada por antonomasia, fue la obra de la fe cristiana y del espíritu de aventura de un mundo caballeresco, algo grande y romántico, ajeno a la idea de lucro. Pero la historia es tortuosa y era el destino de este ejército señorial servir casi exclusivamente al resurgimiento mercantil de Europa: no se conservaron ni el Santo Sepulcro ni Constantinopla, pero se reiniciaron las rutas comerciales con Oriente. Las Cruzadas promovieron el lujo y la riqueza y, con ellos, el ocio propicio a la meditación profana, el humanismo, la admiración por las ciudades de la antigüedad.

Así comenzó el poderío de las comunas italianas y de la clase burguesa. Durante los siglos XII y XIII, esta clase triunfa por todos lados. Sus luchas y su ascenso provocaron transformaciones de tan largo alcance que hoy sentimos sus últimas consecuencias. Ya que nuestra crisis es la reducción al absurdo de aquella irrupción de la clase mercantil.

Del naturalismo a la máquina

Al despertar del largo ensueño del Medioevo, el hombre redescubre al mundo natural y al hombre natural, el paisaje y su propio cuerpo. Su realidad será ahora secular y profana, o tenderá a serlo cada vez más, pues una visión del mundo no cambia instantáneamente. Pero lo que importa es ver las líneas de fuerza que ocultamente empiezan a dirigir la orientación de una sociedad, la inquietud de sus hombres, la dirección de sus miradas; sólo así puede saberse lo que va a acontecer visiblemente varios siglos después. La profanidad de Rafael no se explica sin esa oculta tensión de las líneas de fuerza que empiezan a actuar ya en el siglo XII. Entre un Giotto y un Rafael –comienzo y fin de un proceso– hay toda la distancia que media entre un pequeño burgués profundamente cristiano, todavía sumergido hasta la cintura en la Edad Media, y un artista mundano, emancipado de toda religiosidad.

La vuelta a la naturaleza es un rasgo esencial de los comienzos renacentistas y se manifiesta tanto en el lenguaje popular como en las artes plásticas, en la literatura satírica como en la ciencia experimental. Los pintores y escultores descubren el paisaje y el desnudo. Y en el redescubrimiento del desnudo no sólo influye la tendencia general hacia la naturaleza, sino el auge de los estudios anatómicos y el espíritu igualitario de la pequeña burguesía: porque el desnudo, como la muerte, es democrático.

La primera actitud del hombre hacia la naturaleza fue de candoroso amor, como en San Francisco. Pero dice Max Scheler, amar y dominar son dos actitudes complementarias y a ese amor desinteresado y panteístico siguió el deseo de dominación, que había de caracterizar al hombre moderno. De este deseo nace la ciencia positiva, que no es ya mero conocimiento contemplativo, sino el instrumento para la dominación del universo. Actitud arrogante que termina con la hegemonía teológica, libera a la filosofía y enfrenta a la ciencia con el libro sagrado.

El hombre secularizado –*animal instrumentificum*– lanza finalmente la máquina contra la naturaleza, para conquistarla. Pero dialécticamente ella terminará dominando a su creador.

El diablo reemplaza a la metafísica

El fundamento del mundo feudal era *la tierra;* como consecuencia, esta sociedad es estática, conservadora y espacial.

En cambio, el fundamento del mundo moderno es *la ciudad;* la sociedad resultante es dinámica, liberal y temporal. En este nuevo orden prevalece el tiempo sobre el espacio, porque la ciudad está dominada por el dinero y la razón, fuerzas móviles por excelencia. La dinámica es una rama moderna de la física, contemporánea de la industria y de la balística del Renacimiento; los antiguos sólo habían desarrollado la estática.

La característica de la nueva sociedad es *la cantidad.* El mundo feudal era un mundo cualitativo: el tiempo no se medía, se vivía en términos de eternidad y el tiempo era el natural de los pastores, del despertar y del descanso, del hambre y del comer, del amor y del crecimiento de los hijos, el pulso de la eternidad; era un tiempo cualitativo, el que corresponde a una comunidad que no conoce el dinero.

Tampoco se medía el espacio, y las dimensiones de las figuras en una ilustración no correspondían a las distancias ni a la perspectiva: eran expresión de la jerarquía.

Pero cuando irrumpe la mentalidad utilitaria, todo se cuantifica. En una sociedad en que el simple transcurso del tiempo multiplica los ducados, en que «el tiempo es oro», es natural que se lo mida, y que se lo mida minuciosamente. Desde el siglo XV los relojes mecánicos invaden a Europa y el tiempo se convierte en una entidad abstracta y objetiva, numéricamente divisible. Habrá que llegar hasta la novela actual para que el viejo tiempo intuitivo sea recuperado por el hombre.

El espacio también se cuantifica. La empresa que fleta un barco cargado de valiosas mercancías no va a confiar en esos dibujos de una ecumene rodeada de grifos y sirenas: necesita cartógrafos, no poetas. El artillero que debe atacar una plaza fuerte necesita que el matemático le calcule el ángulo de tiro. El ingeniero civil que construye canales y diques, máquinas de hilar y de tejer, bombas para minas; el constructor de barcos, el cambista, el ingeniero militar, todos ellos tienen necesidad de matemática y de un espacio cuadriculado.

El artista de aquel tiempo surge del artesano –en realidad es la misma persona– y es lógico que lleve al arte sus preocupaciones técnicas. Piero della Francesca, creador de la geometría descriptiva, introduce la perspectiva en la pintura. Entusiasmados con la novedad, los pintores italianos comienzan a emplear una perspectiva abundante y muy visible, como nuevos ricos de este arte geométrico. El viejo Uccello se extasía tanto ante el invento, que su mujer tiene que reclamarlo repetidas veces para la comida. Leonardo escribe en su *Tratado:* «Dispón luego las figuras de hombres vestidos o desnudos de la manera que te has propuesto hacer efectiva, sometiendo a la perspectiva las magnitudes y medidas, para que ningún detalle de tu trabajo resulte contrario a lo que aconsejan la razón y los efectos naturales». Y en otro aforismo agrega: «La perspectiva, por consiguiente, debe ocupar el primer puesto entre todos los discursos y disciplinas del hombre. En su dominio, la línea luminosa se combina con las variedades de la demostración y se adorna gloriosamente con las *flores* de las *matemáticas* y más aún con las de la *física*».

Según Alberti, el artista es *ante todo un matemático,* un técnico, un investigador de la naturaleza.

Y así, también, irrumpe la proporción. El intercambio comercial de las ciudades italianas con Oriente facilitó el retorno de las ideas pitagóricas, que habían sido corrientes en la arquitectura romana. Pero es con la emigración de los eruditos griegos de Constantinopla cuando en Italia comienza el real resurgimiento de Platón y, a través de él, de Pitágoras. Cosimo recoge a los sabios y él mismo sigue sus enseñanzas en la Academia de Florencia. De este modo, el misticismo numerológico de Pitágoras celebra matrimonio con el de los rorines, ya que la aritmética regía por igual el mundo de los poliedros y el de los negocios. Con razón sostiene Simmel que los negocios introdujeron en Occidente el concepto de exactitud numérica, que será la condición del desarrollo científico. El viejo tirano dejaba sus múltiples preocupaciones para asistir, embelesado, a las discusiones académicas; y, por un complicado mecanismo, Sócrates lo aliviaba del último envenenado. Lo mismo, más tarde, su nieto Lorenzo. «Sin Platón, me sentiría incapaz de ser buen ciudadano y buen cristiano», aforismo paradojal que no le impedía degollar o ahorcar a sus enemigos políticos.

Nada muestra mejor el espíritu del tiempo que las obras de Luca Pacioli, especie de almacén en que se encuentran desde los inevitables elogios al Duque hasta las proporciones del cuerpo humano, desde contabilidad por partida doble hasta la trascendencia metafísica de la Divina Proporción: «Esta nuestra proporción, oh excelso Duque, es tan digna de prerrogativa y excelencia como la que más, con respecto a su infinita potencia, puesto que sin su conocimiento muchísimas cosas muy dignas de admiración, ni en filosofía ni en otra ciencia alguna, podrían venir a luz». Sucesivamente la califica de divina exquisita, inefable, singular, esencial, admirable, innominable, inestimable, excelsa, suprema, excelentísima, incomprensible y dignísima. Parece como si hablara del propio Duque de Milán.

Este concepto pitagórico tuvo influencia en casi todos los artistas del Renacimiento italiano, así como en Durero. Pero también se extendió al campo de las ciencias como puede observarse en los trabajos de Cardano, Tartaglia y Stevin. Finalmente, reaparece en la mística de la armonía kepleriana y en las hipótesis estético-metafísicas que sirvieron de base a las investigaciones de Galileo. Porque los que piensan que los hombres de ciencia investigan sin prejuicios estético-metafísicos tienen una idea bastante singular de lo que es la investigación científica.

Éste es el hombre moderno. Conoce las fuerzas que gobiernan al mundo, las tiene a su servicio, es el dios de la tierra: es el diablo. Su lema es: *todo puede hacerse.* Sus armas son el oro y la inteligencia. Su procedimiento es el cálculo.

Jacobo Loredano asienta en su Libro Mayor: «Al Dux Foscari, por la muerte de mi hijo y de mi tío». Después de haber eliminado a Foscari y a su hijo, agrega: «Pagado». Gianozzo Manetti ve en Dios algo así como el *maestro d'uno traffico.* Villani considera que las donaciones y limosnas son una forma contractual de asegurarse la ayuda divina. Inocencio VIII instaura un banco de indulgencias, en donde se venden absoluciones por asesinatos. Esta mentalidad calculadora de los mercaderes se extiende en todas direcciones. Empieza por dominar la navegación, la arquitectura y la industria. Con las armas de fuego invade el arte de la guerra, a través de la balística y la fortificación. Se desvalorizan la lanza y la espada del caballero, a la bravura individual del señor a caballo sucede *la eficacia* del ejército mercenario.

A estos ingenieros no les interesa la Causa Primera. El saber técnico toma el lugar de la preocupación metafísica, la eficacia y la precisión reemplazan a la angustia religiosa. Para juzgar hasta qué punto esto es la esencia del espíritu burgués, véase la crítica que Valéry hace a la metafísica en *Leonardo y los filósofos:* aunque falaz, es la misma que hace Leonardo, la misma que hacen los pragmatistas y positivistas, esos ingenieros de la filosofía.

La mentalidad calculadora invade finalmente la política: Maquiavelo es el ingeniero del poder estatal. Se impone una concepción dinámica e inescrupulosa, que no reconoce honor, ni derechos de sangre, ni tradición. ¡Qué lejos estamos de aquella cristiandad unida en su fe contra los infieles! El papa Alejandro VI intenta la alianza de los turcos contra los venecianos. Las dinastías se levantan y se liquidan mediante el puñal de asesinos a sueldo, a tantos ducados por cabeza. El poder es el ídolo máximo y no hay fuerzas que puedan impedir el desarrollo de los planes humanos. Leonardo, en sus laboriosas noches del hospital Santa María, inclinado sobre el pecho abierto de los cadáveres, busca el secreto de la vida y de la muerte, quiere ver cómo Dios crea seres vivos, ansía suplantarlo, exclama: «*Voglio Mare miracoli!*».

Complejidad y drama del hombre renacentista

Estamos hablando de *las fuerzas dominantes,* pero es necesario que ahora consideremos *las contrafuerzas.* El Renacimiento, como cualquier época, sólo puede ser profundamente juzgado si se lo piensa como la lucha y la síntesis de fuerzas encontradas. La afirmación (provisoria y parcial) de que el Renacimiento es un proceso de secularización no implica negar el misticismo de Savonarola, o de Miguel Ángel. Bastaría sentir por un instante, en el Palazzo del Bargello, la tierna y estremecida actitud del San Giovannino, de Donatello, para comprender hasta qué punto es trivial aquella creencia sobre la mera profanidad del Renacimiento.

Una doctrina no traduce unívocamente una época, sino se forma de manera compleja; en parte por el desarrollo autónomo y puramente intelectual de las ideas anteriores -por o en contra de esas ideas-, en parte como manifestación del espíritu de su tiempo. Y también esto de manera polémica: al espíritu religioso de la Edad Media sucede el espíritu profano de la burguesía; pero, al asumir éste sus formas más groseras, suscita la reacción mística de Savonarola. Artistas como Miguel Ángel y Botticelli fueron intensamente conmovidos por esta reacción y no sólo no contradicen la profanidad del Renacimiento, sino que son su consecuencia.

Por eso es falso afirmar que «el Renacimiento es una vuelta a la antigüedad». La historia no retorna jamás. Lo que hay es un retorno de ciertas características del espíritu greco-latino, en la medida en que también había sido un espíritu ciudadano, el producto de una cultura de ciudades, *una civilización.*

Mas las ciudades renacentistas eran ciudades distintas a las antiguas y bastaría la sola existencia del cristianismo para diferenciar radicalmente esta nueva civilización de la antigua. ¿Cómo sería posible comparar el realismo de un espíritu cristiano como Donatello con el realismo de un escultor griego?

La importancia del cristianismo se revela hasta en aquella actividad del espíritu que, por su naturaleza, parece más alejada: la ciencia positiva. Mucho se sorprenderían los anticlericales de barrio si se les dijese que la ciencia occidental nació gracias a la Iglesia, y no obstante es así.

Creo posible explicar aquel proceso de la siguiente manera:

Durante la Edad Media, la Iglesia está caracterizada por dos temas: *el dogma* y *la abstracción.* La burguesía aparece caracterizada por los dos temas contrapuestos: *la libertad* y *el realismo.* Entre los clérigos y los burgueses están los humanistas. El sentido naturalista, concreto, vivo del humanismo, frente a la aridez escolástica, lo hace un aliado de la burguesía: con su paganismo, conmueve los fundamentos de la Iglesia, es revolucionario, ayuda al ascenso de la nueva clase; los dos temas de la burguesía -libertad y realismo- son los suyos propios; y no es extraño, en consecuencia, que la mayor parte de los humanistas proviniesen de la clase mercantil. Al otorgar a los escritos de los antiguos tanto valor como a la Biblia, el cristianismo se hizo irreconocible en estos hombres; la yuxtaposición de ambos cultos tenía que conducir a la indiferencia y finalmente al ataque de la moral cristiana y de las instituciones eclesiásticas, paso que dio Lorenzo Valla, esa especie de protestante *avant la lettre.* Pero en el momento en que el humanismo se extasía con la antigüedad, en el momento en que hace de su culto un juego cortesano y exquisito, se vuelve conservador y reaccionario: técnicos como Leonardo, los hombres que mejor representan el espíritu de la modernidad, mirarán como a charlatanes a los señores que se pasaban el día discutiendo en la Academia, a esos pedantes que habían vuelto la espalda al lenguaje popular para entregarse a la vana resurrección del latín, a esos presuntuosos que habían dejado de llamarse Fortiguerra o Wolfgang Schenk para convertirse, grandiosamente, en Carteromachus y Lupambulus Ganimedes. De esta manera, el humanismo pasa del tema de la libertad al tema del dogma, al dogma de la antigüedad. Y de la revolución pasa a la reacción.

En cuanto al burgués, había insurgido como realista, preocupándose solamente por lo que tenía delante de las narices, desconfiando de toda suerte de abstracciones. Pero con palancas y ruedas no se hace la ciencia moderna: es necesario unir los hechos en un esquema racional y abstracto. Por eso, paradojalmente, la ciencia positiva no pudo surgir sin la ayuda de la Iglesia, pues mientras su faz técnica y utilitaria proviene de la burguesía, su lado teórico, la idea de una racionalidad del Universo (sin la cual ninguna ciencia es posible) proviene de la escolástica. De este modo, apenas la burguesía ha llegado a la etapa de la ciencia, hace suyo el tema de la abstracción, que caracterizaba a la escolástica, pero lo instrumenta a su modo, uniéndolo al saber concreto y utilitario entrelazándolo a los poderes temporales de la máquina y el capitalismo y, a través del número, al tema de la belleza en la proporción, que era típico del humanismo. Y así, en este fugaz reinado pitagórico, oímos la última parte de una compleja partitura, en que todos los temas iniciales aparecen complicados y entrelazados de tal manera que apenas puede distinguirse a Platón de Aristóteles, a las preocupaciones prácticas de las metafísicas, a la aridez escolástica de la intuición concreta.

Pero esto no es todo. Además del cristianismo, hay dos fuerzas que complican aún más el proceso renacentista.

Como dice Jung, el proceso cultural consiste en una dominación progresiva de lo animal en el hombre, un proceso de domesticación que no puede llevarse a cabo sin rebeldía por parte de la naturaleza animal, ansiosa de libertad. De tiempo en tiempo, una especie de embriaguez acomete a la humanidad, que ha ido entrando por las vías de la cultura. La antigüedad experimentó esa embriaguez en las orgías dionisíacas, desbordadas de Oriente, y que constituyeron un elemento esencial y característico de la cultura clásica. Según la ley ya establecida por Heráclito de la *enantiodromía,* o contracorriente, todo marcha hacia su contrario, y a la orgía dionisíaca tenía que seguir, fatalmente, el ideal estoico y luego el ascetismo de Mitra y de Cristo; hasta que, con el Renacimiento, un nuevo tumultuoso y adolescente entusiasmo intenta el dominio del espíritu humano.

Este espíritu dionisíaco explica la duplicidad de muchos grandes hombres del Renacimiento, que en ciertos casos llevará hasta la neurosis. Un ejemplo sencillo lo tenemos en la ciencia: ni Leonardo, ni ninguno de los precursores, tuvieron una idea sistemática de la racionalidad. En todo el Renacimiento se asiste a una lucha entre la magia y la ciencia, entre el deseo de violar el orden natural –¡y qué sexual es hasta la misma expresión!– y la convicción de que el poder sólo puede adquirirse en el respeto de ese orden. En uno de sus aforismos, dice Leonardo: «La naturaleza no quebranta jamás sus leyes»; pero en uno de sus arrebatos demiúrgicos, exclama con soberbia: «¡Quiero hacer milagros!». Es probable que su conciencia pensara en ese instante en milagros «científicos», pero es seguro que su inconsciencia soñaba con milagros genuinos. El Renacimiento está saturado de brujerías. La obra de los alquimistas y astrólogos es eminentemente renacentista, y no poco de la química y de la astrología de nuestro tiempo tiene origen en aquellas desaforadas investigaciones. El Renacimiento es demoníaco, por lo mismo que busca el dominio de la tierra. Roger Bacon, el *doctor mirabilis,* padre de nuestra ciencia experimental, era tenido por un poderoso mago: condensando el aire, había construido un puente de treinta millas entre Inglaterra y el continente, y por él había pasado con toda su comitiva, desvaneciéndolo detrás de sí.

Con el arte pasan cosas similares: la duplicidad del espíritu renacentista nos explica esa especie de insatisfacción neurótica que nos parece intuir en la obra de tantos artistas renacentistas, y quizá en los más grandes: ya en la angustiosa y romántica escultura de Miguel Ángel, como en la melancólica pintura de Botticelli. Como ha señalado Berdiaeff, el hombre occidental ya no podía volver ingenuamente a la naturaleza, en el estado de ánimo del griego, porque de por medio estaba el cristianismo; y así, mientras los antiguos lograron la perfección en el arte, el Renacimiento sufrió siempre los efectos de ese radical desdoblamiento del espíritu: ímpetu profano, herencia cristiana. En los hombres del cuatrocientos se siente la añoranza por la perfección clásica, que ya nunca más será alcanzable: la disociación que la conciencia cristiana ha establecido entre la vida divina y la terrena, entre lo eterno y lo perecedero, no podrá ser superada más en el curso de nuestra historia.

Esa disociación es más intensa en los países germánicos que en Italia, porque éste era un país antiguo, y no es asombroso que en ella hasta los mismos papas hayan sucumbido a la actitud profana. La irrupción gótica es la otra y potente fuerza de la modernidad, fuerza que ya oculta, ya aparente, hará que el conflicto básico de nuestra civilización sea más dramático, hasta terminar primero con la rebelión protestante y más tarde con la rebelión romántica y existencial. En la arquitectura gótica, angustiosamente estirada hacia arriba, incapaz de la medida y de la perfección grecolatina, ve Berdiaeff la materialización de ese conflicto del alma europea, de ese carácter de imposible que es el rasgo característico de toda la cultura cristiana.

En suma, si por Renacimiento consideramos no el mero, estrecho y falso concepto de los humanistas, sino el comienzo de los tiempos modernos, hay que tomarlo como *el despertar del hombre profano, pero en un mundo profundamente transformado por lo gótico y lo cristiano.* Como una civilización que simultáneamente produce palacios en estilo antiguo y catedrales góticas, pequeños burgueses anticlericales como Valla y espíritus religiosos como Miguel Ángel, literatura realista y satírica como Boccaccio y un vasto drama cristiano como *La Divina Comedia.* Olvidemos de una vez por todas las viejas fórmulas de los humanistas, para quienes el Renacimiento no era sino una vuelta a la antigüedad, como si jamás semejante milagro se hubiera producido; olvidemos sus teorías sobre la aberración del arte gótico y pensemos que justamente fueron las catedrales góticas el corazón de muchísimas comunas burguesas que se desarrollaron a partir de la primera Cruzada. Sólo podremos entender la complejidad del Renacimiento y el dramático dualismo de nuestro tiempo si admitimos que ese tiempo nuestro nació como interacción de los pueblos de distinta raza y tradición. Italia nunca perdió del todo la noción de ser un pueblo antiguo, ni olvidó jamás el esplendor grecolatino, que perduraba en las ruinas de sus foros, en sus acueductos y estatuas semiderruidas; y así como muchos soñamos con los irrecuperables instantes de la infancia, así los italianos imaginaban que de ese melancólico universo de ruinas podía realmente resurgir el portentoso pasado. En tanto que en aquellas ciudades nórdicas, formadas en torno de las fortalezas feudales, el surgimiento de la nueva civilización se iba a realizar con atributos más bárbaros y modernos, en ciudades esencialmente mercantiles, con las más típicas características del capitalismo moderno. Pero, al mismo tiempo, paradojalmente en apariencia, serían la cuna de las reacciones más violentas contra la nueva civilización: el romanticismo y el existencialismo.

2. El universo abstracto

El gigantesco vórtice

A partir del descubrimiento de América, la acción combinada del capitalismo y la ciencia empieza a abarcar el mundo entero. Con velocidad creciente, al cabo de cuatro siglos se convertirá en un gigantesco vórtice que arrastrará a los seres humanos.

El oro preside el descubrimiento: «Ondas de mar con un continente y veintinueve islas de oro, sobre un fondo azul cinco anclas de oro, la punta del escudo empalmada en oro». Estas son las armas que el Almirante se hizo atribuir y parecen no dejar lugar a dudas sobre su preocupación esencial. Pero, por si quedara alguna, afirma que con el oro «hasta se pueden encaminar las almas al Paraíso».

Su contemporáneo Leonardo escribe: «¡Oh, miseria humana, a cuántas cosas te sometes por dinero!». Y en sus sombrías profecías agrega: «Saldrá, de oscuras y tenebrosas cavernas, algo que acarreará a toda la especie humana grandes afanes y peligros y aun la muerte. A sus secuaces, tras muchas fatigas, les procurará contento; pero el que no sea su partidario morirá abatido por la calamidad... Causará infinitas traiciones; se impondrá a los hombres, persuadiéndoles de que les conviene cometer asesinatos, latrocinios y perfidias; esto hará finalmente sospechosos a sus partidarios; esclavizará a las ciudades libres; privará a muchos de la vida; afligirá a los hombres con sus arterías, engaños y traiciones».

La afluencia de las riquezas de Indias aceleró el proceso capitalista en Europa y la centralización de las monarquías. Durante la Guerra de los Cien Años, las fortalezas feudales se habían convertido en nidos de ladrones y aventureros, en el último reducto de una clase antaño caballeresca, pero ahora empobrecida y rabiosa. La aristocracia feudal sucumbió ante el poder monárquico-capitalista. Los grandes poderes centrales necesitaban grandes sumas de dinero para sus burocracias y ejércitos, y esas sumas sólo podían dárselas los grandes señores de las finanzas: la centralización del poder político resultó así la contrafigura de la centralización financiera.

Ahí está Jacques Coeur –¡hermoso nombre para un usurero!–, individuo que sin un centavo se asocia a un mercader arruinado para acuñar monedas destinadas a Carlos VII, *a cambio de concesiones mineras.* Exporta plata a Oriente, importa oro, acumula beneficios fantásticos, toma en arriendo las minas de la corona, hace empréstitos al cincuenta por ciento, financia guerras y las aprovecha en su beneficio particular.

Ahí está Jacobo Fuccar. Los señores necesitan dinero. ¿Qué ofrecen como garantía? Sus tierras, lo único que poseen. Pero esas tierras poseen valiosos metales, completamente inútiles para los señores, que no disponen de capitales para explotarlos. Fuccar se encargará de ello, él financiará a los príncipes de Habsburgo y cuando Maximiliano I toma la corona imperial, la familia de los Fuccar quedará unida indisolublemente al poderío ascendente de su familia. Hasta que en 1519 Fuccar paga mejor que nadie a los electores y decide la elección en contra de Francisco I y en favor de Carlos V. No por simpatía: por el interés de sus minas.

El descubrimiento de América y la Reforma aceleran el ritmo, mayores riquezas, gigantescos mercados y fuentes de materias primas y la ética calvinista: la riqueza no es nada sospechoso, sino el signo de la bendición divina.

Italia ha quedado atrás, es católica y no tiene minas de hierro y carbón. Y la civilización, de ahora en adelante, va a ser la civilización del acero y del vapor.

Al desarrollo del capitalismo correspondió un paralelo desarrollo de la industria. Y el avance del conocimiento científico fue la contraparte de este proceso, en un complejo movimiento recíproco: las necesidades técnicas forzaban los avances de la ciencia pura y éstos traían nuevas posibilidades a la técnica.

Hacia el poder mediante la abstracción

El dinero y la razón otorgaron el poder secular al hombre, no a pesar de la abstracción, sino gracias a ella.

La idea de que el poder está unido a la fuerza física y a la materia es la creencia de las personas sin imaginación. Para ellos, una cachiporra es más eficaz que un logaritmo, un lingote de oro es más valioso que una letra de cambio. Pero la verdad es que el imperio del hombre se multiplicó desde el momento en que comenzó a reemplazar las cachiporras por logaritmos, y los lingotes de oro por letras de cambio.

Una ley científica aumenta su dominio al abarcar más hechos, al generalizarse. Pero al generalizarse se hace más abstracta, porque lo concreto se pierde con lo particular. La teoría de Einstein es más poderosa que la de Newton, porque rige sobre un territorio más vasto, pero por eso mismo es más abstracta. Sobre el hallazgo de Newton todavía se pueden referir anécdotas con manzanas, aunque sean apócrifas; sobre la de Einstein, nada puede decir el pueblo, pues sus tensores y geodésicas ya están demasiado lejos de sus intuiciones concretas: apenas puede ocuparse del violín de su autor, o de su melena.

Lo mismo con la economía: a medida que el capitalismo se desarrolla sus instrumentos se hacen más pujantes, pero más abstractos: la potencia de un bolsista que especula con un cereal que jamás ha visto es infinitamente más grande que la del campesino que lo cosechó.

No debe sorprendernos que el capitalismo esté vinculado a la abstracción, porque no nace de la industria, sino del comercio; no del artesano, que es rutinario, realista y estático, sino del mercader aventurero, que es imaginativo y dinámico. La industria *produce* cosas concretas, pero el comercio *intercambia* esas cosas, y el intercambio tiene siempre en germen la abstracción, ya que es una especie de ejercicio metafórico que tiende a la identificación de entes distintos mediante el despojo de sus atributos concretos. El hombre que cambia una oveja por un saco de harina realiza un ejercicio sumamente abstracto; no importa que las necesidades físicas que lo llevan a ejercer ese intercambio sean concretas –como el hambre, la sed o la necesidad de procrear–; lo decisivo es que ese intercambio sólo es posible merced a un acto de abstracción, a una especie de igualación matemática entre una oveja y un saco de harina; y ambos objetos se intercambian, no a pesar de sus diferencias, sino a causa de ellas.

Los logaritmos, en fin, terminan por imponerse sobre la cachiporra, lo abstracto concluye por dominar lo concreto. No fueron las máquinas quienes desencadenaron el poder capitalista, sino el capitalismo financiero quien sometió la industria a su poderío.

El fantasma matemático

Frente a la infinita riqueza del mundo material, los fundadores de la ciencia positiva *seleccionaron* los atributos cuantificables: la masa, el peso, la forma geométrica, la posición, la velocidad. Y llegaron al convencimiento de que «la naturaleza está escrita en caracteres matemáticos», cuando lo que estaba escrito en caracteres matemáticos no era la naturaleza, sino... la estructura matemática de la naturaleza. Perogrullada tan ingeniosa como la de afirmar que el esqueleto de los animales tiene siempre caracteres esqueléticos.

No era, pues, la infinitamente rica naturaleza la que expresaban esos cientistas con el lenguaje matemático, sino apenas su fantasma pitagórico. Lo que conocíamos así de la realidad era más o menos como lo que un habitante de París puede llegar a conocer de Buenos Aires examinando su guía, su cartografía y su guía telefónica; o, más exactamente, lo que un sordo de nacimiento puede intuir de una sonata examinando su partitura.

La raíz de esta falacia reside en que nuestra civilización está dominada por la cantidad y ha terminado por parecernos que lo único real es lo cuantificable, siendo lo demás pura y engañosa ilusión de nuestros sentidos.

Un ejemplo típico de este proceso mental lo constituye el Principio de Inercia, intuido por Leonardo y descubierto –¿o inventado?– por Galileo. Si se arroja una bolita sobre una mesa horizontal, con cierto impulso, la bolita se mueve durante cierto tiempo, hasta detenerse a causa del roce. Galileo concluye: en una mesa infinitamente extensa y pulida, desprovista de roce, el movimiento perduraría por toda la eternidad.

Ésta es una muestra de cómo los cientistas son capaces de entregarse a la imaginación más desenfranada en lugar de atenerse, como pretenden, a los hechos. *Los hechos* indican, modestamente, que el movimiento de la esferita cesa, tarde o temprano. Pero el cientista no se arredra y declara que esta detención se debe a la desagradable tendencia de la naturaleza a no ser platónica.

Pero como la ley matemática confiere poder y como el hombre tiende a confundir la verdad con el poder, todos creyeron que los matemáticos tenían la clave de la realidad.

Y los adoraron. Tanto más cuanto menos los entendieron. El poeta nos dice:

El aire el huerto orea
y ofrece mil olores al sentido;
los árboles menea
con un manso ruïdo
que del oro y del cetro pone olvido.

Pero el Análisis Científico es deprimente: como los hombres que ingresan en una penitenciaría, las sensaciones se convierten en números: el verde de los árboles ocupa una banda del espectro luminoso en torno de las 5.000 unidades Amstrong; el manso ruido es captado por micrófonos y descompuesto en un conjunto de ondas caracterizadas por un número; en cuanto al olvido del oro y del cetro, queda fuera de la jurisdicción de la ciencia, porque no es susceptible de convertirse en números. El mundo de la ciencia ignora los valores. Un geómetra que rechazara el teorema de Pitágoras por considerarlo perverso tendría más probabilidades de ser admitido en un manicomio que en un congreso de matemáticos. Tampoco tiene sentido científico una frase como: «tengo fe en el principio de conservación de la energía». Muchos cientistas hacen afirmaciones de este género, pero se debe a que construyen la ciencia como simples hombres, con sus sentimientos y pasiones, no como cientistas puros.

En la *elaboración* de la ciencia el hombre opera con esa intrincada mezcla de ideas puras, sentimientos y prejuicios que caracteriza a su condición; investiga acicateado por manías de grandeza, por preconceptos éticos o estéticos, por empecinamiento o por ese vanidoso amor a sí mismo que suele llamarse Amor a la Humanidad. Pero aunque los sentimientos o los juicios de valor intervengan en la elaboración de la ciencia, nada tienen que hacer con la *ciencia hecha.* Giordano Bruno fue quemado por emitir exaltadas frases en favor de la infinitud del Universo, y es explicable que haya sufrido el suplicio en tanto que poeta; sería penoso que haya creído sufrirlo en su condición de hombre de ciencia, porque en tal caso habría muerto por una frase fuera de lugar. La muerte de Bruno pertenece a la Historia de las Persecuciones y hasta a la Historia de la Ciencia; jamás a la ciencia misma.

De este modo el mundo de los árboles, de las bestias y las flores, de los hombres y sus pasiones, se fue convirtiendo en un helado conjunto de sinusoides, logaritmos, letras griegas, triángulos y ondas de probabilidad. Y lo que es peor: *nada más que en eso.* Cualquier cientista consecuente se negará a hacer consideraciones sobre lo que podría haber más allá de la estructura matemática: si lo hace, deja de ser hombre de ciencia en ese mismo instante, para convertirse en religioso, metafísico o poeta. La ciencia estricta –la ciencia matematizable– es ajena a todo lo que es más valioso para el ser humano: sus emociones, sus sentimientos, sus vivencias de arte o de justicia, sus angustias metafísicas. Si el mundo matematizable fuera el único verdadero, no sólo sería ilusorio un castillo soñado, con sus damas y juglares: también lo serían los paisajes de la vigilia, la belleza de un *lied* de Schubert, el amor. O por lo menos sería ilusorio lo que en *ellos* nos emociona.

El hombre títere

El universo real, despojado de sus atributos «secundarios», quedaba reducido a materia y movimiento. Y todo movimiento era el resultado de una configuración anterior de las Partículas Universales, que, eterna y ciegamente, se mueven en un proceso sin fin. Era la causalidad sin ojos, el determinismo absoluto.

El marqués de Laplace expresó esta idea en su forma clásica: «Deberíamos, pues, considerar el estado actual del Universo como el efecto de su estado precedente, y como la causa del estado que le ha de seguir. Una inteligencia que durante un instante dado conociese todas las fuerzas que animan a la naturaleza y las diversas posiciones de las entidades que la componen -si además su intelecto fuese lo bastante vasto como para someter esos datos al análisis (matemático)- podría incluir en la misma fórmula los movimientos de los cuerpos más grandes del Universo y los del átomo más leve. Nada sería incierto para ella. Ante sus ojos estaría presente el futuro no menos que el pasado».

Esta doctrina no implica el abandono de la idea de Dios, aunque muchos mecanicistas -más entusiastas que lógicos- se hicieran ateos. Creo que fue el mismo Laplace quien, interrogado por Napoleón sobre el lugar de Dios en su sistema, respondió:

-Sire: esa hipótesis me es innecesaria.

Sin embargo, ni Kepler, ni Galileo, ni Newton, ni Maupertuis dejaron de creer en esa Hipótesis. Antes, por el contrario, consideraron que ese admirable orden matemático implicaba la existencia de un Ser Supremo que lo hubiese impuesto, de un Sublime Ingeniero que hubiese organizado y puesto en marcha la formidable Máquina.

El *éxito* de la concepción mecánico-matemática de la naturaleza llevó insensiblemente a su generalización. Ya Leonardo quiso reemplazar los seres vivos por mecanismos. Después vinieron los intentos de Descartes, el auge de los autómatas y el proyecto de localizar el alma en alguna glándula. Para Descartes, estaba en la glándula pineal y los nervios tiraban de ella como un cordón de una campanilla: el alma se enteraba de los estímulos externos como el dueño de la casa de la llegada de visitantes.

Toda la filosofía de Descartes es la expresión de una mentalidad físico-matemática. Para él, el conocimiento consiste en convertir lo oscuro y confuso en claro y distinto. Pero ¿qué es lo claro y distinto para este filósofo? Lo cuantitativo, lo mensurable. No es extraño, pues, que al enfrentar el problema de la vida lo vuelva claro y distinto mecanizándolo, metiendo el alma en una campanilla. En cuanto a los sentimientos y pasiones, a todo lo que no es el pensamiento racional, lo elimina, calificándolos de ideas oscuras y confusas: analizándolas; el hombre verdaderamente pensante podrá vivir tranquilo, exento de emociones, bajo el solo impulso del intelecto. ¡Hermoso proyecto para el hombre futuro!

De una manera u otra, el determinismo mecánico se extendió desde su ámbito apropiado hasta el territorio del alma humana, descartando el libre albedrío: la libertad y la voluntad no eran más que simples ilusiones, debidas a nuestra ignorancia de las infinitas causas que rigen el movimiento del Reloj Universal. Y, como un pensador ha dicho, no sólo mis huesos y mi carne, mi crecimiento y mi muerte física, sino todo el conjunto de mis deseos, esperanzas, temores y emociones serían el resultado último de cierta disposición de las partículas universales: ciegas, eternas y fatales. Todo el trabajo de las edades, toda la devoción e inspiración, todo el brillo del genio humano, están destinados a la extinción en la vasta muerte del universo físico. Y entero el templo de la creación humana será inevitablemente enterrado junto a los restos del Universo en Ruinas.

Ya el poeta persa lo había expresado:

> Con la primera arcilla de la tierra
> se hizo la carne del último mortal,
> y luego, de la última cosecha
> se arrojó la simiente: sí, lo escrito
> por la primera aurora de la vida
> la postrer noche de expiación leerá.

El nuevo fetichismo

A lo largo de los siglos XVIII y XIX se propagó, finalmente, una verdadera superstición de la ciencia, lo que equivale a decir que se desencadenó la superstición de que no se debe ser supersticioso. Era inevitable: la ciencia se había convertido en una nueva magia y el hombre de la calle creía tanto más en ella cuanto menos iba comprendiéndola.

La reducción del Universo a Materia-en-Movimiento dio origen a las doctrinas más peregrinas. Primero fue la tentativa de localizar el alma en una glándula. Luego, la investigación del alma con amperímetros y compases; mientras algunos se dedicaban a medir con tales aparatos la inteligencia y la sensibilidad; otros, como Fechner, organizaban desfiles de señores delante de diversos rectángulos, para decidir estadísticamente la esencia de la belleza; y otros, en fin, exponían bruscamente una lámina a la mirada de un sujeto, anotando el tiempo, de reacción tomado con un cronómetro. Al mismo tiempo Gall y Lavater perpetraban su frenología y su fisiognómica –¡oh, espíritu de Balzac!–. Y al llegar al siglo XX, Pavlov midió la salivación de un perro ante un trozo de carne, con y sin tortura.

Lo que se quiere destacar aquí es cómo llegó a dominar la mentalidad de la ciencia y cómo cayó en los extremos más grotescos cuando se aplicó en las regiones alejadas de la materia bruta. Y la curiosa pero explicable paradoja de que sus más fanáticos defensores sean los hombres que menos la conocen. Al fin y al cabo, los primeros que en el siglo XX comenzaron a dudar de la ciencia fueron los matemáticos y físicos, de modo que cuando todo el mundo empezaba a tener ciega fe en el conocimiento científico sus más avanzados *pioneers* empezaban a dudar de él. Compárese la cautela de físicos como Eddington con la certeza de un médico, que usa toda clase de ondas y rayos con la impávida tranquilidad que da su total desconocimiento. Detrás de esos aparatos, cuyo funcionamiento es para él un profundo misterio, acusa de curanderismo al pobre diablo que sigue curando de acuerdo con viejas supersticiones; sin advertir que la mayor parte de la terapéutica contemporánea consiste en supersticiones que recibieron nombre griego. Si en 1900 un curandero curaba por sugestión, los médicos se echaban a reír, porque en aquel tiempo sólo creían en cosas materiales, como un músculo o un hueso; hoy practican esa misma superstición con el nombre de «medicina psicosomática». Pero subsiste en ellos el fetichismo por la máquina, la razón y la materia, y se enorgullecen de los grandes triunfos de su ciencia, por el solo hecho de haber reemplazado el auge de la viruela por el del cáncer.

La falla central de toda la medicina actual proviene de esa falsa base filosófica de los tres siglos pasados, de la ingenua separación entre alma y cuerpo, del cándido materialismo que conducía a buscar toda enfermedad en lo somático. El hombre no es un simple objeto físico desprovisto de alma; ni siquiera un simple animal: es un animal que no sólo tiene alma sino espíritu, y el primero de los animales que ha modificado su propio medio por obra de la cultura. Como tal, es un equilibrio –inestable– entre su propio soma y su medio físico y cultural. Una enfermedad es quizá la ruptura de ese equilibrio, que a veces puede ser provocado por un impulso somático y otras por un impulso anímico, espiritual o social. No es nada difícil que enfermedades modernas como el cáncer sean esencialmente debidas al desequilibrio que la técnica y la sociedad moderna han producido entre el hombre y su medio. Cambios mesológicos provocaron la desaparición de especies enteras, y así como los grandes reptiles no pudieron sobrevivir a las transformaciones que ocurrieron al final del período mesozoico, podría suceder que la especie humana fuese incapaz de soportar los catastróficos cambios del mundo contemporáneo. Pues estos cambios son tan terribles, tan profundos y sobre todo tan vertiginosos, que aquellos que provocaron la desaparición de los reptiles resultan insignificantes. El hombre no ha tenido tiempo para adaptarse a las bruscas y potentes transformaciones que su técnica y su sociedad han producido a su alrededor y no es arriesgado afirmar que buena parte de las enfermedades modernas sean los medios de que se está valiendo el cosmos para eliminar a esta orgullosa especie humana.

El hombre es el primer animal que ha creado su propio medio. Pero –irónicamente– es el primer animal que de esa manera se está destruyendo a sí mismo.

Vista así, la mecanización de Occidente es la más vasta, espectacular y siniestra tentativa de exterminio de la raza humana. Con el agregado de que esa tentativa es obra de los mismos seres humanos.

La gran ilusión del progreso

El avance de la técnica hizo nacer el dogma del Progreso General e Ilimitado, la doctrina del *better-and-bigger.* Todo lo que era tinieblas, desde el miedo hasta la peste, iba a ser iluminado por la Ciencia. No importaba que algunas zonas de la realidad, como la social, presentaran todavía aspectos desagradables: ya la Razón y los Inventos encontrarían la forma de resolver esas dificultades, ya se dominarían las fuerzas de la sociedad como se habían dominado las de la naturaleza.

En el siglo XIX el entusiasmo llegó al colmo: por un lado la electricidad y la máquina de vapor manifestaban el ilimitado poder del hombre; por el otro, la doctrina de Darwin venía a confirmar la idea general del progreso. ¿No éramos superiores al mono? Al Hombre Futuro le esperaba, pues, un porvenir aún más brillante. La teoría parecía ser un decisivo ataque a la ortodoxia cristiana y a la fábula de la creación en seis días, inadvirtiendo que a Dios tanto le costaba crear al mundo con fósiles como sin fósiles. ¿No habría deseado poner a prueba la fe de los hombres distribuyendo aquí y allá esqueletos de megaterios?

El auge de la doctrina fue tan violento que amenazó la hegemonía de su hermano mayor el mecanicismo: ahora hasta la historia y la filosofía sufrían la influencia del biologismo. Los pueblos nacían, se desarrollaban y morían. Las lenguas tenían relaciones filiales o fraternales. Las palabras luchaban por la vida y sobrevivían las más aptas. Durante bastante tiempo, los lingüistas, perplejos y ansiosos, vacilaron entre los fonógrafos y los monos.

El último efecto de esta doctrina en la mentalidad de los hombres fue el racismo de Hitler. Pero esta implicación no fue prevista por aquellos liberales.

El dogma del Progreso fue la fase final del largo proceso de secularización iniciado en Occidente a partir de las Cruzadas: la secularización del propio sentimiento religioso. Porque esto fue una especie de culto para la Razón y la Fraternidad, de creencia en una Humanidad Mejor. De aquel tiempo proviene ese tipo de cientista que cree en la unificación de los hombres mediante la Ciencia, aunque hasta hoy no haya servido más que para su mutua destrucción. Esa clase de cientistas que, horrorizados ante los efectos de la bomba atómica –que al fin de cuentas ha sido inventada por ellos–, preconizan la unión de los pueblos a base de tolerancia y bienestar colectivo. Pero estos cándidos sabios son más eficaces en la fabricación de la bomba que en la realización de esa utopía donde al parecer el lobo estaría al lado del cordero escuchando una clase de Electrónica. Estos sabios son los últimos ejemplares de esa paradojal religión mundana, que también ha tenido su fariseísmo y su clericalismo.

No obstante lo más sorprendente es que durante tanto tiempo se haya podido creer en esta religión. Es fácil, en efecto, probar la superioridad del avión sobre la carreta, pero ¿cómo demostrar el progreso moral o político? Comte y Spencer expresaron la doctrina en forma bastante abstracta, pero, en el fondo, como observa Aldous Huxley, se reducían a suponer que las personas con sombrero de copa que viajan en ferrocarril son incapaces de perpetrar las cosas que los turcos hicieron a los armenios en los tenebrosos tiempos que precedieron al descubrimiento de la Máquina de Vapor.

Comte fue el inventor de la palabra *altruismo*, e imaginó que las guerras se harían más raras con el avance de la ciencia y que la industria aseguraría la paz y la felicidad universales.

En cuanto al ingeniero Spencer, fue el filósofo de la evolución y del liberalismo: su sistema parte de la nebulosa primitiva y termina en las instituciones sociales más perfeccionadas.

El paraíso mecanizado

Los Estados Unidos son el resultado directo y puro de la expansión europea, que pudo realizarse sin trabas espaciales ni tradicionales en el vasto territorio virgen de la América Septentrional. Allí surgieron *de la nada* ciudades, que desde su mismo origen tuvieron el sello de la cantidad y del funcionalismo. Así se convirtió en el país de las fabricaciones en serie, de las diversiones en serie, de los asesinatos en serie: hasta las románticas bandas de forajidos sicilianos se convertían en sindicatos capitalistas.

Hombres que habitan en «máquinas de vivir», construidas en ciudades dominadas por los tubos electrónicos, han intentado esa extraña ciencia que se llama *cibernética*, que rige la fisiología de los «cerebros electrónicos» y que, en días próximos, servirá para controlar los ejércitos de robots. En ese país no sólo se ha llegado a medir los colores y olores sino los sentimientos y emociones. Y esas medidas, convenientemente tabuladas, han sido puestas al servicio de las empresas mercantiles. En un libro titulado *Cómo anunciar para vender*, de W. B. Dygert, aparece una tabla en que se clasifica entre 0 y 10 el poder de atracción de los anuncios, según los sentimientos que utilizan:

Hambre: 9.2
Amor a los hijos: 9.1
Atracción sexual: 8.9
Afecto a los padres: 8.9

Respeto a Dios: 7.1
Cordialidad: 6.5
Temor: 6.2

Los medios se transforman en fines. El reloj, que surgió para ayudar al hombre, se ha convertido hoy en un instrumento para torturarlo. Antes, cuando se sentía hambre, se echaba una mirada al reloj para ver qué hora era; ahora se lo consulta para saber si tenemos hambre.

La velocidad de nuestras comunicaciones ha valorizado hasta las fracciones de minuto y ha convertido al hombre en un enloquecido muñeco que depende de la marcha del segundero.

Los teóricos del maquinismo sostuvieron que la máquina, al liberar al hombre de las tareas manuales, dejaría más tiempo libre para las actividades del espíritu. En la práctica las cosas resultaron al revés y cada día disponemos de menos tiempo.

Los patronos, o el Estado Patrono, buscaron la forma de aumentar el rendimiento mediante la densificación de la labor humana: cada segundo, cada movimiento del operario, fue aprovechado al máximo y el hombre quedó finalmente convertido en un engranaje más de la gran maquinaria.

No nos engañemos sobre la posibilidad de escapar a este destino, mientras subsista la mentalidad maquinista. Si en muchas regiones no se llegó aún a estos extremos es, simplemente, porque no hubo el tiempo suficiente. Éste es el caso de la India, la China y algunos países de Sudamérica, en que el tiempo sigue corriendo «naturalmente», porque esa mentalidad no ha llegado a dominar todavía en forma total. Aquí mismo en nuestra campaña, en algunas provincias andinas o serranas, impera aún ese sentido feudal del tiempo y del ocio, en que los hombres se rigen por el ritmo natural de los astros y estaciones:

y somos desganados y criollos en el espejo
y el mate compartido mide horas vanas,

dice Borges. Yo mismo todavía recuerdo lo que era la pampa de mi niñez, la diferencia entre nosotros los europeos y los «hijos del país», para quienes el tiempo no existía sino para «matarlo», para vivir tranquilo y despreocupado, para maldecirnos a los gringos que habíamos venido con nuestras fábricas y relojes.

Pero todo esto son restos menguantes de una época condenada. Los versos de Borges son más la expresión de su romántica añoranza que de su realidad, porque él mismo vive en la enloquecida Buenos Aires y toma té. En nuestras grandes ciudades desapareció ya esa sensación del tiempo cósmico: nuestros altos edificios nos impiden seguir el crecimiento y el decrecimiento de la luna, la marcha de las constelaciones, la salida y la puesta del sol.

Hacia la ignorancia por la ciencia

Los doctrinarios del Progreso habían imaginado que la humanidad avanzaría de la Oscuridad hacia la Luz, de la Ignorancia hacia el Conocimiento.

La realidad ha resultado mucho más complicada, y si esa previsión ha resultado cierta para la humanidad como un todo, ha resultado diametralmente equivocada para el hombre individual. A medida que la ciencia ha avanzado hacia la universalidad, y por lo tanto hacia la abstracción, se ha alejado del hombre medio, de sus intuiciones, de su capacidad de comprensión. A un hombre medianamente culto se le podía dar una explicación comprensible de la teoría de Newton. Pero cada vez que ese mismo hombre empieza a leer una explicación sobre la teoría de Einstein, cesa de entender en el preciso instante en que se comienza a decir algo de importancia; mientras se le habla de trenes, silbatos y jefes de estación, mientras estamos todavía en el reino de las cosas cotidianas, el hombre todavía cree entender algo; pero no entiende ya nada cuando se empieza con las ideas que propiamente constituyen la nueva teoría. Y no hay que ilusionarse con la creencia de que por fin se ha entendido la doctrina de Einstein porque el periodista X la ha explicado en el suplemento dominical en términos sencillos: lo que se ha entendido *es otra cosa.* Cuando es correcta no es entendida por ningún hombre corriente y es apócrifa cuando por fin está a su alcance.

Buena parte de los malentendidos que han suscitado estas teorías hasta en el campo de la filosofía se debe a esa desgraciada condición. Nuestro lenguaje cotidiano se ha formado bajo la presión del mundo cotidiano: seres humanos, muebles, vehículos de transporte, emociones, libros, enfermedades. Pero cuando la ciencia avanzó hacia lo infinitamente grande y hacia lo infinitamente pequeño, ninguna de estas palabras resultó ya apta para designar los nuevos entes. Y el empeño en querer expresar el contenido de la teoría de Einstein con el solo uso de palabras como «tren» y «jefe de estación» es tan grotesco como el empeño en querer arreglar un aparato de radio con el solo uso de martillo y tenaza.

Y cuando decimos que la teoría de la relatividad no está más al alcance del hombre medio, con «hombre medio» no nos referimos al ciudadano de la calle. En esta situación están desde los médicos hasta los historiadores, desde los humanistas que pueden leer a Platón en griego hasta los filósofos normales. En otros tiempos, un hombre culto era aquel que conocía la cosmogonía de los presocráticos. Hoy, el hombre culto es generalmente el que sigue conociendo la cosmogonía de los presocráticos pero ignora la de Einstein.

Ésta es la cruel y paradojal conclusión del avance científico. A los hombres de espíritu universal sólo les queda la melancólica añoranza de aquellos tiempos en que todavía era posible *l'uomo universale.*

La razón –motor de la ciencia– ha desencadenado una nueva fe irracional, pues el hombre medio, incapaz de comprender el mudo e imponente desfile de los símbolos abstractos, ha suplantado la comprensión por la admiración y el fetichismo de la nueva magia. Porque sus iniciados tienen además el Poder y un poder que es tanto más temible cuanto menos se lo comprende: de las esotéricas ecuaciones, el especialista desciende hasta las armas más terribles de la guerra moderna: ondas ultrasonoras para localizar submarinos, telémetros para la artillería, ondas ultracortas para guiar proyectiles, ondas infrarrojas para ver en la oscuridad, cohetes de propulsión a chorro, bombarderos y tanques, explosivos atómicos.

De este modo, el hombre común vive subyugado y en la adoración de los nuevos ritos. De este modo ha retornado a la ignorancia, después de un breve tránsito por el siglo de las luces. Pero a una ignorancia infinitamente más rica y más vasta, porque no es el negativo de la ciencia de un Aristóteles, sino de la ciencia reunida de Einstein, Pavlov, Freud, Russell, Carnap, Poincaré, Husserl, Heidegger y Whitehead.

Y mientras más importante es la torre del conocimiento y más temible el poder allí encerrado, más insignificante es el hombre de la calle, más incierta su soledad.

El superestado

En el siglo XX, el mundo está llegando a las últimas consecuencias de una civilización tecnolátrica. El capitalismo acumuló capitales crecientes, esto provocó la concentración industrial, la que a su vez fue causa de una monstruosa expansión de las ciudades. Los últimos pasos –ya realizados en varios países– serán la estatización de la banca, de la industria, del transporte, de las comunicaciones y de la información. El Estado se habrá convertido, finalmente, en un gigantesco patrono que dispone de la suma del poder público y todos los medios de coerción y de persuasión.

Ya vimos que la unificación es abstrayente. Y así como condujo al fantasma matemático de la realidad, llevó a una sociedad fantasmal, compuesta de hombres-cosas, despojados de sus elementos concretos, de todos los atributos individuales que puedan perjudicar el funcionamiento de la Gran Maquinaria.

Esta unificación se hace por las buenas o por las malas, generalmente en virtud de una combinación de ambos métodos, de una adecuada mezcla de premios, sanciones legales, hambre, cárcel, campos de concentración, fe, deportes, radio, cine y periodismo.

La ciencia da al Estado enormes recursos para la tarea: desde los gases lacrimógenos hasta la radiotelefonía. James Mill, en el buen tiempo viejo, imaginaba que cuando todos supieran leer y escribir estaría asegurado para siempre el reinado de la Razón y de la Democracia. ¡Pobre hombre! Abrir escuelas, «educar al soberano», etc. Pero ¿para enseñar qué? Bastaría recordar que el pueblo más instruido del mundo fue el alemán. Es extraño que todavía haya gente que siga creyendo en ese mito. Es extraño, también, que se siga teniendo fe en la Opinión Pública, como si ese fetiche no pudiera crearse a voluntad mediante la Propaganda. La Opinión Pública sigue siendo quien impone gobiernos, pero resulta que estos gobiernos son los que crean la Opinión Pública. Creo que nunca se ha confesado esta verdad con más cínico candor que en el *Moskowsky Bolchevik* (numero 4, año 1947): «El estado soviético determina la conducta y la actividad de los ciudadanos soviéticos de varias maneras. Educa al pueblo ruso en el espíritu de la moral comunista, de acuerdo con un sistema que establece una serie de normas legales que reglamentan la vida de la población, imponen prohibiciones, prevén premios y castigos. El estado soviético, con todo su poder, vigila el cumplimiento de estas normas. La conducta y la actividad del pueblo soviético se determinan también por la fuerza que dimana de una opinión pública, creada por la actividad de numerosas organizaciones públicas. *El Partido Comunista y el estado soviétivo desempeñan el papel principal en la forma-*

ción de esta opinión pública por diversos medios, con los cuales se consigue formar el ambiente y educar a los trabajadores en un espíritu acorde con la conciencia socialista».

El demagogo Anito no disponía de otro recurso de difusión que su propia voz, y con todo logró convencer a la masa de que Sócrates debía beber la cicuta. Y la masa, que algunos creen fuente de toda razón y justicia, hizo beber la cicuta al hombre más grande de Grecia. Calcúlese lo que pueden hacer los demagogos contemporáneos con la radio y la prensa en sus manos.

Del mismo modo como la ciencia termina por considerar meras ilusiones a las cualidades «secundarias», en el Superestado los rasgos individuales se convierten en desdeñables superficialidades. Esta actitud favoreció la esclavitud de clases y razas enteras, la tortura en masa, la matanza científica. En la antigüedad se sacaba los ojos a los prisioneros o se los aserraba vivos; pero aquello era humano, porque se lo hacía en medio de una lucha salvaje y personal. En Alemania, los horrores se cometían en verdaderas fábricas de muertes mecanizadas e impersonales.

La tumba del hombre-cosa

La masificación suprime los deseos individuales, porque el Superestado necesita hombres-cosas intercambiables, como repuestos de una maquinaria. Y, en el mejor de los casos, permitirá los deseos colectivizados, la masificación de los instintos: construirá gigantescos estadios y hará volcar semanalmente los instintos de la masa en un solo haz, con sincrónica regularidad. Mediante el periodismo, la radio, el cine y los deportes colectivos, el pueblo embotado por la rutina podrá dar salida a una suerte de panonirismo, a la realización colectiva de un Gran Sueño. De modo que al huir de las fábricas en que son esclavos de la máquina, entrarán en el reino ilusorio creado por otras máquinas: por rotativas, radios y proyectores.

He ahí el fin del hombre renacentista. La máquina y la ciencia que había lanzado sobre el mundo exterior, para dominarlo y conquistarlo, ahora se vuelven contra él, dominándolo y conquistándolo como a un objeto más. Ciencia y máquina se fueron alejando hacia un olimpo matemático, dejando solo y desamparado al hombre que les había dado vida. Triángulos y acero, logaritmos y electricidad, sinusoides y energía atómica, unidos a las formas más misteriosas y demoníacas del dinero, constituyeron finalmente el Gran Engranaje, del que los seres humanos acabaron por ser oscuras e impotentes piezas.

Hasta que estalla la guerra, que el hombre-cosa espera con ansiedad, porque imagina la gran liberación de la rutina. Pero una vez más serán juguetes de una horrenda paradoja, porque la guerra moderna es otra empresa mecanizada. De la fábrica en que ejecuta un movimiento-tipo, o desde su anónimo puesto de burócrata en que maneja expedientes, o desde el fondo de un laboratorio en que como modesto empleado kafkiano pasa la vida midiendo placas espectrográficas y apilando millares de números indiferentes, el hombre-cosa es incorporado con un número a un escuadrón, una compañía, un regimiento, una división y un ejército también numerados. Y en el que un Estado Mayor, tan invisible como el Tribunal del proceso kafkiano, mueve las piezas de un monstruoso ajedrez, mediante la ayuda de mapas matemáticos, telémetros y relieves aerofotogramétricos.

Guiado por teléfonos y radios, el hombre-cosa avanzará hacia posiciones marcadas con letras y números. Y cuando muere por obra de una bala anónima es enterrado en un cementerio geométrico. Uno de entre todos es llevado a una tumba simbólica que recibe el significativo nombre de Tumba del Soldado Desconocido.

Que es como decir: Tumba del Hombre-Cosa.

3. La rebelión del hombre

La dialéctica de la crisis

Si la historia no constituyera un proceso de fuerzas contrapuestas en constante interacción podría establecerse la siguiente serie de antinomias:

RENACIMIENTO ITALIANO – RENACIMIENTO GERMÁNICO

clásico – romántico
lógica – vida
racionalismo – irracionalismo
limitación – ilimitación
finito – infinito
estático – dinámico
claridad – oscuridad
día – noche
ESENCIA – EXISTENCIA

Pero en la realidad estas antinomias no permanecen como tales, sino que se generan y fecundan en un juego recíproco e incesante. Ni la Italia del Renacimiento estaba exenta de atributos góticos, ni los países germánicos eran ajenos al prestigio de la antigüedad. La modernidad ha resultado, más bien, como la síntesis dialéctica de esos conceptos, tal como lo muestra un simple examen de la burguesía, esencia de los tiempos modernos: precozmente formada en Italia, pasa a ser luego el elemento decisivo de los pueblos germánicos y anglosajones; imbuida de racionalismo tiene que desembocar a través de su ilimitación y su dinamismo, en el concepto contrario. Como se ve, este elemento de la modernidad recorre alternativamente las dos columnas de las antinomias. Así, como ya se ha dicho, el naturalismo terminó en la máquina, que es su antagónico; el vitalismo en la abstracción y el espíritu individualista en la masificación de nuestro tiempo.

Desde el mismo comienzo del proceso fueron creciendo las fuerzas de la reacción, hasta que en los dos últimos siglos surgen con plena conciencia los espíritus que reivindican un nuevo naturalismo, un nuevo vitalismo y un nuevo individualismo.

Es cierto que Italia tenía un fundamento antiguo y, como tal, el Renacimiento italiano pertenece más bien a la izquierda de nuestras antinomias. Pero nunca habría nacido el capitalismo italiano con la simple resurrección de la antigüedad greco-latina. Los griegos profesaban una concepción estática y finita de la realidad, y buena parte del Renacimiento italiano sufrió su influencia; pero, como vimos, el problema se complicó por la aparición del cristianismo y del ingrediente gótico. La religión cristiana es el sincretismo de la filosofía griega con los elementos dinámicos de los judíos y maniqueos; y así, desde sus mismos orígenes, contendrá en su seno dos fuerzas contrapuestas: según las épocas, los pueblos y los hombres que la adoptaron, el cristianismo desplazó su acento entre la contemplación y la acción, entre la esencia y la existencia; a veces este conflicto puede observarse en un mismo hombre, como en el caso de Pascal, que comienza como geómetra y termina como místico; y en esta latitud espiritual reside la más grande fuerza de esta religión, pues cada vez que parece a punto de derrumbarse, un nuevo impulso existencial renueva su estructura.

El espíritu dinámico y existencial del cristianismo prendió con máxima fuerza en los pueblos góticos, creando de esa manera la contraparte germánica del mundo moderno, sin la cual sería imposible comprender los problemas de nuestra crisis. Sin la tradición cultural de Italia, esos pueblos irrumpieron a la civilización con caracteres más bárbaros y modernos, en un impulso mercantil puro e imbuidos de un cristianismo dinámico y semijudaico que facilitó su poderoso desarrollo.

Y ese elemento dinámico e irracionalista alentará también en los espíritus germánicos que se levantarán contra la sociedad moderna que los engendró: en los románticos y los existencialistas.

La rebelión de los románticos

El romanticismo es una rebelión contra la ciencia y el capitalismo: opone el individuo a la masa, el pasado al futuro, el campo a la ciudad, la naturaleza a la máquina. En su culto del individuo es, pues, un retorno a los ideales del Renacimiento. Pero en su alzamiento contra la ciencia y el capitalismo, se entronca con el espíritu medieval.

Lewis Mumford muestra cómo esa tentativa tenía que resultar históricamente un fracaso. Sus representantes fueron tenidos por locos o cubiertos de ridículo, fueron empujados al alcohol o hacia las remotas islas del Pacífico. Sus mensajes flotaron en el vasto océano del siglo XIX hasta que pudieron ser hallados y justicieramente interpretados. Porque iba a llegar el momento en que esa arrogante civilización iba a crujir ante la perplejidad de sus propios conductores y, por primera vez, aquellos irrisorios profetas tendrían la posibilidad de ser escuchados.

La revuelta contra la máquina empezó en el siglo XVIII, cuando ésta alcanzaba sus triunfos más resonantes. Empezó a soñarse con la humanidad premaquinista, se volvió la mirada hacia las selvas africanas o hacia los mares del sur, se comenzó el descenso al arte popular, al arte primitivo, a las creaciones de los niños y de los locos. La añoranza de otras tierras y otros tiempos se echa de ver en la obra de Schiller, Goethe, Walter Scott, Hoffmann, Stendhal, Lamartine, Chateaubriand, Mérimée. Muchos artistas se alzan contra el clasicismo y el dogma. En 1819, fecha en muchos sentidos histórica para el arte, Géricault expone *La balsa de la Medusa,* que escandaliza al público francés acostumbrado a la fría y académica pintura de David. Géricault, ardiente y patético, representaba la revuelta del yo, la proclamación de los «derechos del corazón». De Géricault surge en seguida Delacroix, el hombre que anuncia la pintura de nuestro tiempo, escarnecido, insultado por la Academia, el romántico por antonomasia.

En cuanto a Nerval, precursor del movimiento surrealista, aspira a internarse en el continente de los sueños, para encontrar la región en que la realidad y el ensueño se confunden. El sueño, la locura y la videncia –este reiterado tema de los románticos alemanes– eran los medios de que quería valerse para ese «descendimiento a los infiernos», que luego será también invocado por Rimbaud y los surrealistas.

El marxismo

El mundo de la máquina aparecía solidarizado al mundo del dinero y el ataque contra el maquinismo asumió el carácter de un simultáneo ataque contra el capitalismo: muchos románticos, asqueados de la brutalidad mecánica, se entregaron al socialismo. De este modo, mientras algunos huían a islas lejanas o a épocas pretéritas, otros ensayaban nuevas utopías sociales.

Pero la ciencia estaba tan consustanciada con el hombre del novecientos que pronto esas utopías se hicieron en nombre de aquélla, y al socialismo utópico de Fourier y Saint-Simon sucedió el sociaslismo «científico» de Karl Marx.

En ese genio se aunaron un profundo romanticismo y una poderosa penetración racional, y quizá buena parte de su éxito se debió más a su calidad humana –que lo hacía admirar a Shakespeare– que a sus monumentales tomos de *El Capital*. Porque si el análisis de la economía política daba a su doctrina un sabor científico, su violento desprecio por el espíritu burgués, su pasión por la justicia, su amor por los desheredados fueron en realidad las fuerzas que arrastraron a las masas obreras tras sus banderas. Y no sólo a las masas obreras, sino a todos los espíritus de la nobleza y de la burguesía que sentían repugnancia por una sociedad mercantilizada. Y que fueron sobre todo estos *sentimientos* los que crearon el prodigioso movimiento revolucionario lo prueba el hecho de que la enorme mayoría de sus militantes no leyó jamás las grandes obras de Marx. Cuando yo era estudiante, mi inclinación hacia el marxismo no se debió a la reposada lectura de *El Capital*, sino a la apasionada intuición de que la verdad estaba en ese movimiento. Más tarde, leí las obras de Marx, Engels y Lenin, confirmando –naturalmente– mi intuición original, ya que en todos los movimientos religiosos *hay que creer para ver*, y no se ha dado quizá un solo caso de alejamiento motivado por causas exclusivamente intelectuales.

Sea como fuera, el marxismo apareció y se desenvolvió bajo el signo de la ciencia y de la técnica. Paradojalmente fue, también, un producto del dinero y la razón. Y su levantamiento –y esto es muy significativo– no fue en contra de la máquina, sino *contra el uso capitalista* de la máquina. Fue un intento de quebrar la temible alianza del dinero y la razón, liberando la razón y poniéndola al servicio del hombre, humanizándola.

El mismo Lewis Mumford cree en esa posibilidad, y afirma que no debe confundirse capitalismo con maquinismo: en la antigüedad hubo capitalismo sin máquinas y también puede concebirse la existencia de máquinas sin capital; es falso atribuir a la máquina, que es amoral, los pecados del régimen capitalista; como es sofístico atribuir al capitalismo los méritos de la máquina.

Durante mucho tiempo yo también estuve convencido de esa verdad, pero ahora comienzo a creer que la máquina tiene males inherentes a su misma naturaleza. Es indudable que ha traído ventajas al hombre, pero creo que, enceguecidos por ella, no hemos advertido los peligros que venían aparejados. Es cierto que al inventar ingeniosos mecanismos y al montar sus admirables aparatos el hombre elevó el juego infantil hasta una jerarquía casi divina. Es cierto que la conquista de las fuerzas naturales tiene una grandeza que eleva esa tarea por encima de los burdos deseos utilitarios, y que la conquista de los continentes desconocidos, del mar y del aire, tuvo a menudo la grandeza de las epopeyas. Mas no es menos cierto que grandes y temibles fuerzas se fueron engendrando por debajo de esta arrogante civilización, oscuras fuerzas que no pertenecen a la esencia del capitalismo, sino a la del maquinismo: no la desocupación, la miseria, la taylorización industrial, que son atributos de una sociedad basada en el dinero, sino la mecanización de la vida entera, la taylorización general y profunda de los seres humanos, dominados cada día más por ese engendro infernal que se ha escapado de sus manos y que desde algún tenebroso olimpo planea la destrucción total de la humanidad entre sus tentáculos de acero y matemáticas.

Era, pues, previsible que la doctrina llevase a una sociedad semejante a la capitalista, aunque de signo cambiado. Ya que entre la fábrica dirigida por un abstracto consorcio y la dirigida por un abstracto comisariado la diferencia es casi lingüística: en ambos casos asistimos al triunfo de una mentalidad racionalizadora y abstracta; en ambos casos estamos ante una civilización que tiene a la Máquina y a la Ciencia por dioses tutelares. No es por azar que Aldous Huxley haya podido hacer en *Brave New World* la sátira de la sociedad futura mezclando los caracteres de Rusia con los de Estados Unidos.

Pero ¿para qué recurrir a la sátira cuando tenemos la realidad? Dejemos de lado la organización industrial rusa, el poder de su técnica y de su ciencia, y admitamos de buen grado que en todos esos aspectos ha alcanzado un nivel comparable al de los Estados Unidos: no es ofreciéndome una imitación industrial de Norteamérica como me harán pronunciar por el paraíso soviético. Bueno fuera que para ensalzarlo me mostrasen automóviles tan buenos como los norteamericanos. Las ventajas habría que ofrecerlas en su concepto del hombre, en la exaltación de su espíritu, en el enaltecimiento de su condición humana. Pero cuando preguntamos por estos valores nos muestran un pueblo integrado por números, una especie de ejército anónimo y cuadriculado, que piensa, desea, ama, habla y vive uniformemente, como en un inmenso hormiguero.

La reacción existencial

Las doctrinas no aparecen al azar: por un lado prolongan y ahondan el diálogo que se realiza a través de las edades, por otro lado son la expresión de la época en que se enuncian: así como la filosofía estoica nace en el despotismo, así como el marxismo expresa bien el espíritu de una sociedad industrial, el existencialismo traduce el *Zeitgeist* de los hombres que viven el derrumbe de una civilización tecnolátrica.

Esto no quiere decir que lo traduzca unívoca y literalmente, pues una doctrina se constituye de manera harto compleja y siempre polémica. Así, mientras el racionalismo fue el tema dominante a partir del Renacimiento, el irracionalismo irrumpió una y otra vez, con creciente violencia, hasta empezar a ser el tema dominante de nuestro tiempo.

Paul Valéry escribió tres ensayos sobre Leonardo, lo que es bien significativo sobre su estructura espiritual. En él, como en aquel ingeniero del Renacimiento, hay la misma condenación de la metafísica, la misma exaltación de la eficacia y de la precisión técnica que constituye lo mejor del espíritu burgués: la geometría y la balística no están tan lejos de la poética de Valéry como podría suponerse. No hay que confundir la aristocracia de un artista con su estructura mental: por sus maneras, por su refinamiento, Valéry, como Leonardo, era un aristócrata; pero sociológicamente era un burgués. Bastaría examinar el ensayo titulado *Leonardo y los filósofos* para convencerse: toda su crítica a la metafísica es la de los positivistas, y asume ante ella la típica actitud del ingeniero o del físico.

Pero si no bastara ese análisis, habría que recordar su amor por las matemáticas, ese amor que como tantos amores no correspondidos no dejó hijos pero se prolongó tenazmente a lo largo de su vida, en forma casi obsesiva y neurótica, hasta el punto de contaminar su lenguaje. Esa pasión lo hizo odiar, con todas las fuerzas con que Monsieur Teste podía odiar, a Pascal, que muy precozmente había poseído y despreciado a la misma mujer que Valéry tuvo siempre por una diosa inaccesible.

En este contraste Valéry-Pascal está encarnado para mí el conflicto entre la esencia y la existencia, entre la abstracción y el hombre, entre la física y la metafísica. ¡Qué fácil de comprender para quien haya realmente vivido el universo matemático en ese hastío y ese desprecio de Pascal por un mundo deshumanizado de meras sombras, cuando se está frente al problema del destino del hombre!

Desde el Renacimiento, la ciencia y la filosofía se habían lanzado a la conquista del mundo objetivo. Aspiraban a develar las leyes que rigen el funcionamiento del Universo, para ponerlas al servicio del hombre. Pero para ello había que *prescindir del yo,* había que investigar el orden universal tal como es, de manera que sus leyes, una vez encontradas, iban a tener la implacable validez de los hechos, que no dependen de nuestra voluntad ni de nuestros deseos. Para lograr ese conocimiento objetivo, el hombre se valió de *la razón* –cuyas leyes son independientes de los deseos humanos– y de *la observación* del mundo externo.

El resultado ya lo conocemos: fue la conquista del universo objetivo, pero al precio de un total sacrificio del yo, de la humillación de los valores verdaderamente humanos.

Al adolescente entusiasmo de los técnicos sucedió el temor ante el monstruo mecánico y la intuición de que podía ser fatal para el hombre. Los artistas románticos lo sospecharon tempranamente. Kierkegaard dio forma cabal a esa sospecha.

Así pasó siempre: es curioso que el hombre empiece por interrogar el vasto Universo antes de interrogar a su propio yo. Antes que Sócrates se preguntara sobre el bien y el mal, sobre nuestra alma y nuestra muerte, sobre nuestra angustia y nuestro pecado, los filósofos-adolescentes de Jonia habían buscado el secreto del Cosmos, la misión del agua y del fuego, el enigma de los astros.

Frente al marmóreo museo de los símbolos matemáticos, estaba el hombre individual, que al fin y al cabo tenía derecho a preguntarse para qué servía todo ese aparato de dominio del mundo si no servía para resolver su angustia ante los eternos enigmas de la vida y de la muerte. Frente al problema de la esencia de las cosas se erigió el de la existencia del hombre. ¿Tiene algún sentido la vida? ¿Qué significa la muerte? ¿Somos un alma eterna o meramente un conglomerado de moléculas de sal y tierra? ¿Hay Dios o no? Éstos sí que son problemas importantes. Todo lo demás, como bien dice Camus, es en el fondo un juego de niños: la ley de gravitación, la máquina de vapor, los satélites de Júpiter y hasta el señor Kant con sus famosas categorías ¡Al diablo con el razonamiento puro y la universalidad de sus leyes! ¿Acaso el que razona es un Filósofo Abstracto o yo mismo, transitorio y mísero individuo?

¿Qué importa que la Razón Pura sea universal y abstracta si El-que-razona no es un dios desprovisto de pasiones y sentimientos, sino un pobre ser que sabe que ha de morir y que de esa muerte carnal y suya no lo podrá salvar Kant con todas sus categorías? ¿Qué célebre conocimiento es ése que nos deja solos frente a la muerte? En su furia matemática, Descartes aspiraba a meter el alma en una campanilla y a eliminar los sentimientos y las emociones mediante el pensamiento frío. Pero para qué valdría la pena vivir si ese proyecto cartesiano –además de despreciable– no fuese utópico. ¿Qué sentido podría tener una Sociedad Futura donde se hubiese logrado descartar los sentimientos y las emociones? Es falso que el hombre desee ese pensamiento objetivo y desinteresado: quiere el conocimiento trágico que se amasa no sólo con la razón, sino con la pasión y la vida. El hombre se rebela contra lo general y lo abstracto, contra el principio de contradicción; porque el hombre de carne y hueso es justamente la contradicción: es y no es, es santo y es demonio, ama y odia, es pequeño y a la vez es capaz de portentosas hazañas.

Se ha necesitado una crisis general de la sociedad para que estas sencillas pero humanas verdades resurgieran con todo su vigor. Que los adoradores de la Abstracción se queden arrodillados ante ella. Mientras llegan sus ángeles de exterminio, en la forma de los aviones atómicos, que sigan arrodillados ante esa divinidad laica, ante ese ente cuyo culto suele calificarse de Amor a la Humanidad, pero que a la larga viene unido al odio más desenfrenado por el hombre con minúscula. ¿Y qué hay sino hombres con minúscula? Dios nos salve de la guillotina o de los campos de concentración de estos adoradores de la Humanidad.

En cuanto a Valéry, murió a tiempo, añorando la geometría griega y la estática y luminosa arquitectura de sus templos. Ese mundo estaba crujiendo en sus cimientos y de pronto de él no quedarán sino ruinas.

4. Las artes y las letras en la crisis

La literatura del yo

Dada la reivindicación del individuo, de su experiencia concreta e intransferible, es lógico que los representantes de la revuelta contemporánea hayan recurrido a la literatura para expresarse, ya que sólo en la novela y en el drama puede darse esa realidad viviente. Pero no a esa literatura que se solazaba en la descripción del paisaje externo o de las costumbres burguesas, sino a la literatura de lo único, de lo personal.

En su notable *Ensayo sobre el destino actual de las letras y las artes,* W. Weidlé sostiene que asistimos al ocaso de la novela y del drama, porque el artista de hoy «es impotente para entregarse enteramente a la imaginación creadora», obsesionado por su propio yo; frente a los grandes novelistas del siglo XIX, a esos escritores que, como Balzac, creaban un mundo y mostraban criaturas vivientes desde fuera, a esos novelistas que, como Tolstoi, daban la impresión de ser el mismo Dios, los escritores del siglo XX son incapaces de trascender el propio yo, hipnotizados por sus propias desventuras y ansiedades, eternamente monologando en un mundo de fantasmas.

Muchos críticos afirman, de una manera o de otra, que el siglo XIX es el gran siglo de la novela. Por mi parte, estoy dispuesto a aceptar que el siglo XIX es el gran siglo de la novela... novecentista.

La palabra *novela* representa hoy algo bastante diverso a lo que representaba en la pasada centuria. Y no es tanto que el escritor no pueda trascender su propio yo, para realizar una descripción objetiva de la realidad: *es que no le interesa más.* O, por lo menos, no le interesaba hasta hace muy poco tiempo, en que ha comenzado a surgir una nueva síntesis de lo subjetivo y de lo objetivo, precursora de la vasta síntesis espiritual a que asistiremos como superación de la crisis contemporánea (si es que las tremendas fuerzas materiales en juego nos lo permiten).

En las *Notas desde el subterráneo,* el héroe nos dice: «¿De qué puede hablar con máximo placer un hombre honrado? Respuesta: de sí mismo. Voy a hablar, pues, de mí». Y en toda su obra, Dostoyevski hablará de sí mismo, ya se difrace de Stavroguin, de Iván o de Dimitri Karamázov, de Raskólnikov y hasta de generala o gobernadora.

En toda la gran literatura contemporánea se observa este desplazamiento hacia el sujeto: la obra de Marcel Proust es un vasto ejercicio solipsista; Virginia Woolf, Franz Kafka, Joyce con su monólogo interior, William Faulkner, todos ellos tienen la tendencia a mostrar la realidad desde el sujeto. Dice un personaje de Julien Green: «Escribir una novela es en sí mismo una novela, de la que el autor es el héroe. Él cuenta su propia historia y si se representa a sí mismo la farsa de la objetividad es que es bien novicio o bien tonto, puesto que no alcanzamos a salir nunca de nosotros mismos».

Ya en Dostoyevski, que en tantos aspectos es la compuerta de la literatura actual, se observa ese desentendimiento hacia el mundo externo: nunca sabemos del todo si sus personajes, tan absortos en sí mismos, habitan en una hermosa mansión o en un detestable lugar, pocas veces nos dicen si llueve o hay sol, y cuando lo sabemos es apenas por una frase o dos y, además, porque esa lluvia o ese sol forman parte –¡y de qué manera!– de la angustia o de los sentimientos que en ese instante embargan al personaje. El paisaje es un estado de alma.

Siempre ha sido una tarea más bien destinada al fracaso la clasificación de la producción literaria en géneros. En lo que a la novela se refiere, ha sufrido todas las violaciones y, como dijo Valéry con evidente asco, «*tous les écarts lui appartiennent*», o algo por el estilo. Nuestra época ha sido una nueva exaltación del yo. Una novela de Faulkner se llama *Mientras yo agonizo*. Otra, *El ruido y el furor*, pues ya no parecía necesario, ni siquiera conveniente, que el mundo fuese relatado por un novelista omnisciente y omnipotente. La novela podía ser, como dice Shakespeare que es la vida,

...a tale
Told by an idiot, full of sound and fury.

De la realidad a la superrealidad

La crítica de Weidlé coincide, en buena parte, con la que Ortega y Gasset hace del arte nuevo en general, al acusarlo de «deshumanizado». ¿Por qué la mayor parte del público se encoge de hombros o se sonríe ante sus expresiones? ¿Tiene razón el filósofo español cuando afirma que esa actitud está indicando la deshumanización del arte? ¿Ha volado el artista todos los puentes que lo unían al continente de los seres humanos, para refugiarse en la isla de la locura? ¿Significa todo eso una crisis de muerte de las letras y las artes?

Lo que está en crisis no es el arte, sino el concepto de realidad que dominó en Occidente desde el Renacimiento. Para ese concepto, «la» realidad es la mera realidad del mundo externo, la ingenua realidad de las cosas tal como la sienten nuestros sentidos y la concibe nuestra razón. Desde el naturalismo de los pintores y escultores italianos hasta el impresionismo francés, casi todo el arte occidental responde a esta concepción. No hay que engañarse con *la mera liberación* técnica que supone el impresionismo: en el fondo es la culminación de todo ese afán de objetividad y de naturalismo; es el fin y no el comienzo de un concepto de la realidad artística. La nueva pintura surge de su seno, pero negando su esencia misma, en las personas de Van Gogh y Gauguin. Ambos huyen asqueados de la civilización. «Si nuestra vida está enferma –escribe Gauguin a Strindberg– también ha de estarlo nuestro arte; y sólo podemos devolverle la salud empezando de nuevo, como niños o como salvajes... Vuestra civilización es vuestra enfermedad; mi barbarie es mi restablecimiento.»

Toda la joven generación de 1900, esas fieras que van a escandalizar los salones parisienses, proviene de esos dos pintores revolucionarios, sobre todo del torturado espíritu de Van Gogh. Y son discípulos de ese Gustave Moreau que decía: «¿Qué importa la naturaleza en sí? El arte es la persecución encarnizada, por la plástica únicamente, de la expresión, del sentimiento interior», frase emparentada a la de Van Gogh: «En vez de reproducir exactamente lo que tengo ante los ojos, empleo el color más arbitrariamente, para expresarme con mayor fuerza».

Matisse, Rouault, Vlaminck, Dufy, Van Dongen, Friesz, Derain, se lanzan contra las convenciones de la pintura burguesa, echan abajo los cánones de la Academia, insultan sus relamidas tradiciones: son líricos y poetas, expresan violentamente sus emociones y sentimientos, deforman y exageran las proporciones de la naturaleza, meten el yo en el seno del objeto como un monstruoso resorte, vuelven, en fin, las espaldas al propio Cézanne, para llevar adelante la lección de Van Gogh. Porque Cézanne representa, al fin de cuentas, la reacción constructiva frente a la disolución impresionista, significa en muchos sentidos un retorno a lo clásico y geométrico, a lo que es más esencial de esta civilización.

El movimiento *fauve* tenía que extenderse en los países más avanzados, en aquellos países en que la civilización había alcanzado sus extremos más abstractos con la máquina y la razón: en ellos los artistas tenían que sentir con mayor ímpetu que en otras partes la añoranza de la vida y de lo irracional. Este movimiento triunfa en las ciudades ultrarrefinadas de Francia, Alemania e Italia. En los países germánicos surge el expresionismo, con Kandinsky y Kokoschka: retornando la tradición gótica, sin el freno del racionalismo francés, sintiendo por añadidura la influencia de los países eslavos, el expresionismo llevó la lección del nuevo arte hasta sus últimas fronteras.

Me parece equivocado, pues, juzgar un cuadro de Van Gogh o una novela de Kafka a la luz de un caduco concepto de la realidad. Naturalmente, cuando a pesar de todo se lo hace –¡y con qué frecuencia!– se concluye que describen una especie de «irrealidad», los seres y las cosas del descabellado territorio del hombre enloquecido en su soledad. El artista parece haber abandonado así el mundo de lo real para internarse en la esquizofrenia.

Esto es lo que mucha gente piensa del arte contemporáneo. Pero esta actitud es muy semejante a la de los realistas ingenuos de la filosofía, para los cuales es locura negar la realidad de una mesa tal como la ven nuestros ojos y la concibe nuestra cotidiana razón.

El arte de cada época trasunta una visión del mundo, *la* visión del mundo que tienen los hombres de esa época y, en particular, el concepto que esa época tiene de lo que es *la realidad.* La civilización burguesa tiene también su concepto: es el de una realidad *externa y racional.* Esto sí que significa una deshumanización, porque la genuina realidad incluye al hombre, ¿y desde cuándo el ser humano está desprovisto de interioridad y cómo es posible suponer que el hombre sea solamente racional?

A cada tipo de cultura ha correspondido una diferente concepción de la realidad y en definitiva esa concepción está asentada en una metafísica y hasta en un *ethos* diferentes. Para los egipcios, preocupados por la vida eterna, este universo fluyente y transitorio no podía constituir lo verdaderamente real: de ahí el hieratismo de sus grandes estatuas de dioses y faraones, el geometrismo abstracto que es como un indicio de eternidad. Hieratismo que no es, pues, consecuencia de una incapacidad para expresar la naturaleza, como lo prueba el minucioso naturalismo con que pintaban a los esclavos y seres *sin importancia.* Cuando se pasa a una civilización mundana como la helénica de la gran época, las artes plásticas se vuelven naturalistas y hasta los mismos dioses son representados en forma «realista». Al aparecer el cristianismo, desaparece esta concepción terrenal del arte y nuevamente asistimos al nacimiento de un arte hierático, ajeno al espacio y al tiempo. Y cuando sobreviene una nueva civilización de tipo temporal, con la burguesía y su ansia por la conquista del mundo, el arte deja de ser divino para volver a lo humano, pero humano en el sentido más naturalista y corporal: de ahí la admiración por el arte de la antigüedad grecolatina; de ahí la aparición de la perspectiva y la proporción, que manifiestan la importancia del espacio físico.

Por eso creo peligroso hablar del progreso en el arte. ¿Es un progreso la aparición de la perspectiva o es, simplemente, una *diferente* manera de ver el mundo? ¿Es acaso superior la escultura griega a la egipcia? Tal vez sólo tenga algún sentido hablar de perfeccionamiento dentro de un ámbito cultural, dentro de ciertos cánones de belleza: seguramente Donatello fue superior a alguno de sus discípulos o contemporáneos ignorados; pero no tendría sentido alguno hablar de la superioridad de este artista con respecto a un escultor que en Egipto creaba obedeciendo a otra visión del mundo, a otra metafísica.

No obstante, cuando decimos que el arte trasunta el concepto de realidad que tiene una época o una cultura, no queremos decir que siempre exprese lo que está en el ánimo de todos. Quizá eso suceda en ciertos momentos felices y culminantes de una civilización. Pero cuando una época se acerca a su crisis, son los artistas los que, gracias a su hipersensibilidad, anuncian los tiempos por venir, los tiempos que, como corrientes secretas y subterráneas, ya fluyen debajo de la época, prontos a convertirse en poderosos torrentes visibles que arrastrarán los viejos conceptos como animales muertos o troncos caducos.

El arte de hoy es la reacción violenta contra la civilización burguesa y su *Weltanschauung*. Es por lo tanto cierto que se desentiende de su realidad y que a menudo la hace trizas. Pero aun cuando esta actitud haya sido a veces meramente iconoclasta, aun cuando en ocasiones haya lindado con la simple locura, siempre ha mostrado que estaba haciendo crisis un anquilosado concepto de la realidad, un concepto que no representa ya nuestras más profundas angustias.

El ideal naturalista de la novela del siglo XIX es una de las tantas manifestaciones del espíritu burgués. Zola, que hizo la reducción al absurdo de esta actitud, llegaba hasta a levantar prontuarios de sus personajes, en los que anotaba desde el color de sus ojos hasta la forma de vestir según las estaciones o el estado del tiempo. Gorki malogró buena parte de sus excelentes dotes por el acatamiento a una falsa estética, derivada de este cientificismo que estaba en el aire de la época; afirmaba que para describir un almacenero era menester tomar cien de ellos y buscar los rasgos comunes. Evidentemente, éste es el *modus operandi* de la ciencia, que busca lo universal abstrayendo lo particular. Pero ése es el camino de lo muerto y de la esencia, no el de la existencia viva. Así sucede que los personajes de Gorki nos parecen a menudo muñecos mecanizados; y cuando no es así es porque, felizmente, el talento narrativo de Gorki es superior a su dogmatismo.

Este tipo de arte en que predomina el documento objetivo, la vista y el movimiento externo, será suplantado por el cinematógrafo. No veo inconveniente para que novelistas como Dickens o Zola sean *íntegramente* trasladados al cine, del mismo modo que cierta pintura realista fue reemplazada por la fotografía. Los burgueses de Flandes que se hacían retratar no pedían una obra de arte sino un documento; buscaban el mismo fin práctico que hoy se busca al acudir a una casa de fotografías. Si a pesar de todo muchos de esos retratos eran, además, una obra de arte es porque esos pintores no sólo eran honrados artesanos que trabajaban a pedido, sino excelentes artistas.

El cine, la radio, el teatro y las historietas del mundo mecanizado han llevado hasta sus últimos extremos los caracteres de este realismo burgués que en sus formas más altas se produjo en un Dickens o en un Zola. ¿A qué pedir a los artistas de hoy productos que ya realizan a la perfección esos instrumentos?

Buena parte de la novela del siglo pasado fue una novela de lo externo, de las cosas, del tiempo y del espacio físico. Ya fueran naturalistas o impresionistas, los pintores y escritores se ocupaban del mundo externo. No importa que los pintores del impresionismo trataran de dar la sensación de lo real mediante un atomizado conjunto de manchas: en el fondo respondían siempre –aunque de otra manera, por otro camino– a la ansiedad que toda la civilización burguesa ha tenido por la captación del universo exterior. En este caso lo captaba por la pura sensación –al menos así se lo creía–, y en esto respondía a un movimiento espiritual paralelo al del positivismo en la filosofía, doctrina esencialmente vinculada al pragmatismo burgués y al espíritu científico.

El artista contemporáneo ha abandonado esta estética. No es que haya dejado de ser realista, sino que ahora, para él, lo real significa algo más complejo, algo que *sin dejar de lado lo externo* se hunde profundamente en el yo. De esta compleja actitud ha nacido la necesidad de recursos técnicos que fueron desconocidos para la novela del siglo XIX, como el simultaneísmo de John Dos Passos, el monólogo interior de Joyce, la intersubjetividad de Faulkner, el contrapunto de Huxley. El siglo XX resulta así el siglo de las grandes innovaciones técnicas, como ha pasado siempre en los grandes virajes de la historia, cuando se ha necesitado expresar una nueva realidad, que no puede ser expresada ya en los moldes que caducan.

Al sumergirse en el yo, el escritor se encontró con un tiempo que no es el de los relojes ni el de la cronología histórica, sino un tiempo subjetivo, el tiempo del yo viviente, muchas veces, como dijo Virginia Woolf, en «maravilloso desacuerdo» con el tiempo de los relojes. Ya en Dostoyevski empieza a prevalecer, hasta llegar a constituir la esencia misma de novelas como *Mrs. Dalloway,* fieles registros del tiempo anímico, de su fugaz paso por las criaturas humanas. Y ese flujo temporal ha impuesto el monólogo interior y a veces el lenguaje asintáctico e ilógico que domina en buena parte de la literatura contemporánea.

La sumersión en lo más profundo del hombre suele dar a las creaciones literarias y artísticas de nuestro tiempo esa atmósfera fantasmal y nocturna que sólo se conocía en los sueños. Tanto en escritores como Kafka, Julien Green, Faulkner o Dostoyevski como en pintores como Chagall, Chirico y Rouault se siente esa nocturnidad. Es que se ha descendido por debajo de la razón y de la conciencia, hasta los oscuros territorios que antes sólo habían sido frecuentados en estado de sueño o de demencia. ¿Cómo ha de llamarnos la atención que estos artistas nos den a menudo un mundo de fantasmas en lugar de aquellas figuras «reales», bien delineadas, táctiles y diurnas del arte burgués?

Y a este descenso corresponde un nuevo tipo de universalidad, que es el del subsuelo, de esa especie de tierra de nadie en que casi no cuentan los rasgos diferenciales del mundo externo. Cuando bajamos a los problemas básicos del hombre, poco importa que estemos rodeados por las colinas de Florencia o en medio de las vastas llanuras de la pampa.

Pero no hay que confundir esta universalidad con aquella otra que había dado la ciencia: la de la razón y de los entes abstractos de la matemática. Esta otra universalidad es la que se obtiene, como quería Kierkegaard, mediante lo concreto e individual. No es la universalidad de la razón, sino la de la sinrazón.

El alzamiento del hombre contemporáneo contra la tiranía racionalista comienza en las *Notas desde el subterráneo.* Su héroe, detrás del cual se oculta muy visiblemente el autor, nos dice: «La razón, caballeros, es una buena cosa, eso es indiscutible; pero la razón no es más que la razón y sólo satisface a la capacidad humana de razonar, en tanto que el deseo es la manifestación de la vida entera, es decir, de toda la vida humana, incluyendo la razón y todas las comezones posibles... Que el hombre tiende a edificar y a trazar caminos, es indiscutible. Pero ¿por qué se muere también hasta la locura por la destrucción y por el caos?... Reconozco que dos y dos son cuatro, es una buena cosa, pero de eso a ponerlo por las nubes... ¿Cuánto mejor no es esto de dos y dos son cinco?».

La lógica vale para los entes estáticos, a los que se puede aplicar el principio de identidad; no para la vida, que es una constante transformación y, por lo tanto, una constante negación. Borges se queja de que en las novelas llamadas psicológicas la libertad se convierta en absoluta arbitrariedad: asesinos que matan por piedad, enamorados que se separan por amor; y arguye que, paradojalmente, sólo en las novelas llamadas de aventura existe el rigor. Esto parece una crítica, pero apenas es una definición.

Los seres humanos no son piezas de ajedrez: si un alfil es de pronto movido como una torre, tenemos derecho a reprochar falta de coherencia al jugador. Pero un ser humano es algo infinitamente más complejo para obedecer a normas meramente lógicas. Frente a ese tipo de rigor, existe, en cambio, el rigor psicológico y es con respecto a él que cabrá juzgar el comportamiento de un personaje. ¿Quién puede afirmar que Raskólnikov procede sin rigor, a pesar de que repetidas veces realiza cosas absurdas, si se las juzga desde el punto de vista silogístico? Pues en la vida y en la literatura lo que lógicamente es absurdo, psicológicamente es riguroso y real: «creo porque es absurdo».

La coherencia a que se refiere Borges sólo se concibe en las novelas paradojalmente llamadas de aventuras, en los folletines y, sobre todo, en las narraciones policiales de tipo científico. En ellos impera ese rigor que se puede instaurar mediante un sistema de convenciones simples y cartesianas, como en una geometría o una dinámica; pero ese rigor implica la supresión de los atributos verdaderamente humanos: si en la realidad hay una Trama o Ley, debe de ser de una infinita complejidad para nuestros ojos humanos, aunque en teoría pueda suponerse que una mónada divina la vea con nítida racionalidad.

Ortega y la deshumanización del arte

La prueba de la deshumanización del arte está, para Ortega y Gasset, en el divorcio que existe entre el artista y el público.

Ignoro por qué razón al filósofo español no se le ocurrió que las cosas podían ser exactamente al revés: que fuera el público el que está deshumanizado.

Tal vez descartó esta alternativa porque parece lógico suponer que el público es «la humanidad». Pero éste es el gran sofisma de nuestro tiempo, porque una cosa es la humanidad y otra la masa, es decir, ese conjunto de seres que han dejado de ser criaturas humanas para convertirse o para ser convertidos en objetos numerados, fabricados en serie, moldeados por una educación estandardizada, embutidos en oficinas y fábricas, sacudidos diariamente al unísono por las noticias lanzadas desde una Central Desconocida. Mientras que el artista es El Único por excelencia, es el loco que gracias a su demencia, a su incapacidad de adaptación, a su rebeldía, ha conservado los atributos más preciosos del ser humano. ¡Qué importa que a veces exagere y se corte una oreja! Aun así, estará más cerca de lo que es el hombre, en el manicomio, que un escribiente en el fondo de un ministerio. Es cierto que el artista, desesperado por el proceso de gigantesca deshumanización de la humanidad entera, huye al África, a las islas del Pacífico, a las selvas de Misiones, a los paraísos del alcohol o de la morfina, o a la propia muerte. ¿Indica eso, acaso, que es el artista el que está deshumanizado?

El otro lado del sofisma de Ortega y Gasset es el poner en un solo saco todo el arte contemporáneo, siendo que está formado no sólo por elementos diferentes, sino antagónicos.

El Renacimiento condujo a la abstracción, ya lo hemos visto. Es posible jalonar este proceso en las artes plásticas con la proporción y la perspectiva hacia la época de Piero della Francesca, con los cubos y cilindros preconizados por Cézanne, y, finalmente, con el cubismo.

Este arte sí tiende a ser un arte deshumanizado.

Y digo *tiende* porque: 1.° el hombre no es un mero animal, sino también espíritu, y la geometría forma parte de su espíritu, no pudiendo ser, por lo tanto, nunca algo totalmente inhumano; y 2.° porque no todos los representantes de esta tendencia han pretendido que su arte fuera *el* arte.

Debajo de muchos cuadros del Renacimiento había triángulos, pentágonos y proporciones. Pero esas figuras eran apenas el esqueleto geométrico de un palpitante cuerpo carnal. Mas, a medida que la civilización matemática avanzó, esos triángulos y pentágonos fueron prevaleciendo sobre la carne, hasta llegar el instante en que se creyó posible proclamar que el arte es geometría.

Pero cualquier pretensión de reducir el arte a la abstracción debe ser considerada como una actitud deshumanizadora, no porque lo abstracto no sea también humano sino porque lo humano *es algo más* que eso: es lo abstracto y lo concreto, lo racional y lo irracional, la máquina y la naturaleza, la ciencia y el arte.

En cuanto a la psicología del arte abstracto, es contradictoria: creo que en primer lugar el artista es impulsado por el fetichismo científico, pero también por un inconsciente deseo de orden y de seguridad en medio de un universo confuso y tambaleante: así como algunos huyen a las islas del Pacífico, otros se refugian en los laberintos matemáticos; también, y finalmente, es el producto de un legítimo desprecio hacia el sentimentalismo burgués, de una suerte de ascetismo de la belleza.

Pero sea cual fuere su origen psicológico, desde el punto de vista de su esencia el arte abstracto es hoy la expresión de la mentalidad científica de nuestro tiempo. Y, como tal, lejos de representar un arte revolucionario, caracteriza a una cultura que declina.

Una literatura trágica

Si es un sofisma hablar de la deshumanización del arte contemporáneo en bloque, exigiría la revisión del significado de todas las palabras la extensión de ese juicio a la literatura de hoy.

Es ésta una literatura verdadera, difícil y trágica, con una dureza que desconoció el siglo XIX, excepto en aquellos escritores que intuyeron el derrumbe. Lejos de decaer, la novela y el drama han profundizado los grandes enigmas éticos y religiosos: desde Dostoyevski hasta Graham Greene, pasando por Kafka, la gran literatura de nuestro tiempo es eminentemente metafísica y sus problemas son los problemas esenciales del hombre y su destino.

Es ésta una literatura ascética y el amor aparece en ella como el reiterado espectro de la soledad y de la muerte. Nunca como hoy el amor carnal ha sido descrito con tanta crudeza. Y sin embargo adquiere un sentido metafísico, porque a través de él, en sus intensos pero fugaces éxtasis, el hombre se enfrenta con el trágico problema de la comunicación y del sentido de la vida.

Decía Hölderlin que si no nos ocupamos del infinito no vale la pena que nos ocupemos de nada. El problema es ser o no ser. El problema es la transitoriedad de todo lo terrenal: la frágil felicidad del amor, las ilusiones de la adolescencia, los instantes de comunicación con el semejante. Todo marcha, inexorable y angustiosamente, hacia la muerte.

Sobre casi toda la gran literatura de hoy pesa el problema de la muerte, problema que se agudiza cuando el plazo es conocido. Desde *El idiota* hasta *El extranjero.* Es que la muerte a plazo fijo, la muerte sabida y esperada minuto a minuto, plantea perentoriamente los enigmas que la muerte natural deja como olvidados: en la vida de todos los días procedemos como si fuésemos eternos; trabajamos, luchamos por el porvenir, sufrimos con nadas, como si hubiéramos de vivir eternamente.

El escritor del siglo XIX aún vivía en la euforia de una civilización arrogante. Los triunfos seculares del hombre, la seguridad en el porvenir, lo incitaban a una literatura optimisma y fácil y, en otros casos, a un esteticismo preciosista. Pero el derrumbe de todos los mitos burgueses nos enfrentó a una realidad dramática que exigió del escritor una actitud menos frívola y mundana, una voluntad de purificación metafísica más que de simple belleza.

Nuestros dioses no son más los dioses luminosos del Olimpo, que alumbraron al artista occidental desde el Renacimiento: son los dioses oscuros y crueles que presiden el derrumbe de una civilización.

El acento, que en la literatura novecentista a menudo estaba cargado sobre lo estético o lo costumbrista, o lo social, ahora se carga sobre lo metafísico y lo ético. Esta revolución en el contenido se ha realizado con una obligada transmutación de forma, y ésta es la razón de que fracasen todos los intentos de juzgar el nuevo arte y la nueva literatura desde el punto de vista de la pura forma. El asco de hoy por la grandilocuencia, en efecto, es más ético que estético, obedece más a una cuestión de contenido que de forma: es parte de la vocación de autenticidad que posee el artista contemporáneo, a veces frenéticamente, de su voluntad de rechazar todo lo que suene a falso, a convencional, a meramente «literario». Nunca como hoy la palabra «literatura» ha despertado tanta desconfianza entre los propios escritores. Se huye del ornamento y de la retórica, que caracterizan a las épocas fáciles y ociosas; se está más cerca de San Agustín y Pascal que de Oscar Wilde o Gabriel D'Annunzio. Como en todas las grandes épocas –y este solo indicio probaría que nuestra época es literariamente grande– únicamente hablan los hechos: son los hechos los que son poéticos o trágicos, no las palabras que, humildes y transparentes, no se interponen entre el lector y las cosas que se dicen. La fuerza de los mejores escritores contemporáneos se acentúa por esa neutralidad del lenguaje que emplean: el horror de la tragedia es llevado al máximo al ser expresado con sencilla precisión.

La literatura de hoy no se propone la belleza como fin –que *además* la logre es otra cosa–. Es más bien un intento de profundizar el sentido de la existencia, una encarnizada tentativa de llegar hasta el fondo del problema. Este deseo de autenticidad que en algunos hombres como Antonin Artaud llegó hasta la ferocidad y la locura, es el que echa abajo el sentimentalismo convencional y falso que plagaba la literatura anterior a Dostoyevski, esa literatura en que los hombres eran buenos o malos, héroes o cobardes, nobles o villanos. Desde Dostoyevski nos fuimos acostumbrando a la contradicción y a la impureza, que caracterizan a la condición humana: sabemos ya que detrás de las más nobles apariencias pueden ocultarse las más villanas pasiones, que el héroe y el cobarde son a menudo la misma persona, como asimismo el santo y el pecador. Por primera vez, los niños pueden tener malos instintos y sentimientos tortuosos. ¡Qué lejos Dimitri Karamázov del villano o del héroe de un film del lejano Oeste! ¡Y qué lejos, también, de Monsieur Teste, esa especie de autómata cartesiano!

Y cada palabra está respaldada por el escritor-hombre, nada está dicho en vano, por mero juego, por pura habilidad lingüística. Y cuando lo está, como muchas veces en Joyce, constituye un defecto y no una virtud. Pocas veces en la historia se ha dado ese tipo de escritor que, como T. E. Lawrence, André Malraux o Saint-Exupéry, forma un solo e inseparable ser con el hombre de carne y hueso que lo respalda. Nunca, como hoy, se ha tenido tanto desprecio por las meras palabras.

Dice San Agustín en sus *Confesiones:* «...porque entonces me pareció que no merecía compararse la Escritura con la dignidad y excelencia de los escritos de Cicerón. Porque mi hinchazón y vanidad rehusaba acomodarse a la sencillez de aquel estilo...». Por algo nos resulta tan moderno San Agustín.

La literatura ha dejado de pertenecer a las Bellas Artes, para ingresar en la metafísica.

Trascendencia y limitación del surrealismo

En 1916, en esa Suiza que parece la quintaesencia del espíritu burgués, del jardincito racionalista y respetuoso, Tristán Tzara inició el movimiento *Dadá,* rebelión destructiva y nihilista contra una sociedad caduca. Con verdadera furia, estos espíritus moralizadores se echaron contra los lugares comunes y las hipocresías de la burguesía. Porque no debemos engañarnos: todo el insurgimiento del espíritu contemporáneo –desde Van Gogh a los existencialistas– tiene un profundo sentido ético.

La razón burguesa aparecía como el enemigo principal y contra ella lanzaron los dadaístas, como luego los surrealistas, sus ataques más feroces. Con más consecuencia que el racionalizado Breton de los manifiestos, *Dadá* combatió la razón con la sinrazón lisa y llana, con sus insultos y sus espectáculos provocativos.

Prolongado luego en el surrealismo, la gran época de este movimiento se extiende hasta la aparición, en 1930, del segundo manifiesto. Allí se inicia el paulatino debilitamiento, en parte porque el fervor inicial había ido desapareciendo y además porque en el mundo entero comienza la gran crisis social y política que producirá el nazismo y la Segunda Guerra Mundial.

Planteado desde un comienzo como un movimiento revolucionario, es natural que en algún momento el surrealismo intente su acercamiento al comunismo. Y sin embargo, en muchos sentidos, este acercamiento era un absurdo. El surrealismo es mucho menos pero también mucho más que una mera actitud político-social: significa una revuelta contra todo el espíritu de la sociedad occidental. Como genuino movimiento romántico, es una defensa del hombre concreto y vital y, por lo tanto, radicalmente opuesto a toda concepción racionalizadora del mundo. Me parece que por todo eso es equivocado vincularlo a otros movimientos contemporáneos como el futurismo, el vorticismo, el simultaneísmo y hasta el cubismo. Aparte del hecho fundamental de que el surrealismo es un movimiento colocado más allá del arte, una actitud general del hombre frente a la realidad, estos movimientos puramente artísticos son la expresión última de una sociedad dominada por el cálculo y la abstracción.

En cuanto al marxismo, que también es una concepción total del mundo y del hombre, es la culminación del ultrarracionalismo de Hegel. Una actitud espiritual que reivindique, tal como hacen los surrealistas, el instinto contra la razón, la naturaleza contra la máquina, el sueño contra la vigilia, la rebelión contra el orden, será tachada enérgicamente por los marxistas como reaccionaria y antihistórica.

Hay que atribuir a la ingenuidad teórica de Breton y a las contingencias históricas, esa extraña fusión de Nerval y Marx a que se asiste en sus manifiestos, a esa singular mescolanza de materialismo dialéctico y Lautréamont, de cuarta dimensión y videncia, de manicomio y proletariado.

Todo esto es una locura y en el mejor de los casos deberíamos tomar los manifiestos de Breton como un documento automático y poético más, como la expresión cabal del subconsciente de un hombre de nuestro tiempo que se rebela contra la razón y la ciencia pero que, inconscientemente, les rinde tributo a cada instante. Desde este punto de vista, nada tendría que decir contra Breton. Lo malo es que *la intención* de este poeta es realmente lograr un documento teórico, un fundamento serio para el surrealismo, no una expresión más de su temperamento poético. Breton se levantaría indignado contra cualquier intento de tomar sus escritos como algo menos que una fundamentación teórica.

Pero todo esto es un contrasentido. En cierto modo, la única actitud consecuente de los surrealistas desde el punto de vista teórico eran los espectáculos a base de alaridos y tambores. Y, para mí, lo más valioso que han producido: un estilo de vida.

No obstante, históricamente, era inevitable que los surrealistas terminaran apoyando la Revolución Rusa y su filosofía. En muchos sentidos esta Revolución significaba la revuelta contra ese mundo burgués que tanto detestaban; era también la barbarie asiática que muchos de ellos habían invocado contra el Occidente putrefacto; era el alzamiento de los negados, los desposeídos; era la liquidación de la patria, el nacionalismo, la riqueza, el acomodo burgués, la beatería.

¡Cómo no vamos a entender este acercamiento de los surrealistas a Rusia si fue el mismo impulso que nos empujó a tantos estudiantes en 1930 hacia el comunismo! A Breton y a sus amigos les pasó lo que nos pasó a nosotros: que confundimos el aliento romántico de toda gran revolución con la esencia filosófica del marxismo. Creíamos que estábamos descubriendo el secreto del mundo con la dialéctica y la plusvalía y lo que estábamos descubriendo era nuestra ansiedad por echar abajo esta sociedad hipócrita y podrida.

Los románticos habían ya opuesto la Poesía a la Razón, como se opone la Noche al Día y el Sueño a la Vigilia. Los surrealistas, últimos vástagos del romanticismo, llevan esta actitud hasta sus extremos. Para Breton, la imagen vale tanto más cuanto más absurda: de ahí la invocación al automatismo, a la imaginación liberada de todas las trabas racionales, su desdén por las normas y los clásicos, por la belleza en el sentido tradicional y las bibliotecas. El surrealismo se había puesto fuera de la estética y del arte: era más bien una actitud general ante la vida y el mundo, una indagación del hombre profundo, por debajo de las convenciones sociales. De ahí su fervor por Freud y por Sade, por los primitivos y los salvajes.

Pero, paradójicamente, se convirtió así en un instrumento para la obtención de un nuevo género de belleza, una especie de belleza al estado salvaje, convulsiva y violenta. Así como de una nueva moral, una moral básica, la que queda cuando se arrancan todas las caretas impuestas por una sociedad temerosa de los instintos profundos del ser humano: una moral de los instintos y del sueño.

Pero al cristalizarse en manifiestos y recetas, comienza la decadencia del movimiento. Y ya se sabe que no hay peor conservatismo que el de los revolucionarios triunfantes. De la búsqueda de la sinceridad, de la autenticidad, se desembocó en un nuevo academismo, cuyo paradigma es Salvador Dalí, ese farsante que después de todo también pertenece al surrealismo y que está mostrando, en forma ejemplar, sus peores atributos.

Cuando se ataca al surrealismo en figuras como Dalí, los mejores herederos del movimiento se sublevan. Y sin embargo, aunque Dalí no pertenezca oficialmente más a la iglesia surrealista, sigue siendo un pintor surrealista para el mundo entero: para los profanos, para los periodistas, para los críticos de arte. Por otra parte gozó del beneplácito de Breton durante mucho tiempo, con características exactamente iguales a las que presenta hoy.

No parecería lícito juzgar al movimiento surrealista –como lo hacen algunos– exclusivamente por representantes como Dalí. Pero tampoco creo lícita la pretensión de ciertos surrealistas que pretenden ser juzgados con su exclusión.

No es por azar que un hombre como Dalí sea surrealista.

Tampoco es casual la grandilocuencia que frecuentemente caracteriza a los surrealistas: la falsificación de fondo viene siempre acompañada de ampulosidad de forma. Esa retórica que fue uno de los peores atributos del movimiento romántico reapareció en el surrealismo para espantar a los buenos burgueses con sus grandes palabras.

Tampoco puede ser admitido como una desgraciada coincidencia el hecho de que el surrealismo –como otros movimientos modernos– haya sido el refugio de los más groseros impostores, de poetas fraudulentos, de simuladores descarados.

Hace unos años escribí contra el surrealismo. Ahora comprendo que fui injusto y excesivo; pero nunca pretendí ser justo en los problemas que tocan de cerca mi vida. Y el surrealismo fue para mí una violenta experiencia, una fuerte liberación de mi espíritu, una ansiosa búsqueda de mí mismo. ¿Qué puede tener de extraño mi repulsa posterior ante sus fraudes? Aparte de que nadie se levanta violentamente contra nada que de algún modo no siga constituyendo su amor. No he renegado ni reniego de lo que en lo más hondo de mi yo pueda haber de surrealista o de marxista. Estoy muy lejos ya de creer que los hombres, y menos el corazón de los hombres, puedan ser catalogados como minerales o fósiles. El corazón del hombre es vivo y contradictorio como la vida misma, de la que es su esencia.

Indudablemente, hay algo vivo, algo que sigue teniendo validez en el movimiento surrealista y que, en cierto modo, se prolonga y se ahonda en todo el movimiento existencialista: la convicción de que ha terminado el dominio de la literatura y del arte, de que ha llegado el momento en que el hombre se coloque más allá de las meras preocupaciones estéticas para entrar a la región en que se debaten los problemas del destino del hombre. La vasta empresa de liberación iniciada por el surrealismo contra una sociedad falsa y terminada era la condición previa de cualquier replanteo del problema humano. Era necesario el terrorismo surrealista para emprender luego cualquier empresa de reconstrucción; era necesario minar, echar abajo las posiciones de la burguesía y de su arte caduco, para examinar las raíces mismas de nuestro destino. Había que acabar de una vez con los pequeños dioses de la sociedad burguesa, con su falsa moral, con su filisteísmo, con su acomodo y su progreso y su optimismo, para abrir las puertas del hombre. Nuestro tiempo es el de la desesperación y de la angustia, pero paradojalmente sólo así puede abrirse la puerta de una nueva y auténtica esperanza.

El error del surrealismo consistió en creer que *basta* con la revuelta y la destrucción, que basta con la libertad total. No, no basta con la libertad. Porque una vez la libertad en nuestras manos tenemos que saber qué hacemos con nuestra libertad. Mientras sólo haya que destruir, todo marcha muy bien y hasta experimentamos una cierta alegría: siempre recuerdo la euforia que sentíamos en París cuando insultábamos a un burgués o hacíamos algo para minar su tranquilidad, su digestión tranquila, la firmeza de su convicciones. Pero, ¿y después? Por eso el surrealismo ha sido importante mientras estuvo dedicado a la tarea nihilista o, en el mejor de los casos, de investigación de las regiones desconocidas del alma. Pero luego vino el instante de la construcción y ahí el surrealismo se manifestó incapaz de seguir adelante.

Por eso el fin lógico de un surrealista consecuente es el suicidio o el manicomio y en esto debemos rendir homenaje a los hombres que como Nerval o Artaud fueron consecuentes hasta el fin. Mas ni la locura ni el suicidio pueden ser una solución genuina para el hombre. Y aquí es cuando debemos apartarnos del surrealismo.

La Segunda Guerra Mundial concluyó con el movimiento, que por otra parte ya estaba casi muerto. Cuando en 1938 estuve con los surrealistas, se vivía ya de recuerdos y el academismo surrealista había reemplazado al impulso anarquista de los primeros tiempos.

La Segunda Guerra era muy distinta a la Primera, que había dado origen al movimiento. Al terminar la Primera había que destruir muchos mitos de la sociedad burguesa. Pero ahora esos mitos estaban destruidos. Los hombres de hoy han visto demasiadas catástrofes y ruinas para que sigan creyendo en la necesidad de echar abajo. Ya hay bastante desolación como para poder ver, a través de las grietas de una sociedad devastada, cuáles son los deberes del hombre.

No nos basta ahora con destruir: tenemos que comprender. No basta con volver a los fetiches del África Central: tenemos que averiguar, por entre las grietas de una Iglesia a menudo nefasta, cuál es el misterio judeocristiano que ha dominado toda la civilización de Occidente y ha impuesto una nueva forma del espíritu humano. No basta con emitir alaridos y asustar a los burgueses, no basta con divertirse ni aun con volverse loco: hay que acometer la tarea dura de una nueva construcción, aunque sea en medio de la desesperanza. No basta con reivindicar lo irracional. Ni siquiera es indicio siempre favorable, ya que también los nazis lo han hecho ¡y en qué escala! Es necesario comprender que el hombre no es sólo irracionalidad, sino también racionalidad; que no solamente es instinto, sino también espíritu. ¿O vamos a renunciar a los más grandes atributos de la raza humana justamente en nombre de su regeneración?

Vivimos el momento en que es necesaria una nueva síntesis. El que no comprenda esta necesidad no podrá comprender a fondo los problemas del hombre de nuestra época.

Epílogo
¿Y entonces qué?

Para Berdiaeff, la Historia no tiene ningún sentido en sí misma: no es más que una serie de desastres y de intentos fracasados. Pero todo ese cúmulo de frustraciones está destinado a probar, precisamente, que el hombre no debe buscar el sentido de su vida *en* la historia, *en* el tiempo, sino fuera de la historia, en la eternidad. El fin de la historia no es inmanente: es trascendente.

Así, para Berdiaeff, ese conjunto de calamidades que denuncia Iván Karamázov es, paradojalmente, un motivo de optimismo, pues constituye la prueba de la imposibilidad de toda solución terrenal.

Ahora bien: es muy difícil no caer en la desesperanza pura si a este existencialismo le quitamos la creencia en Dios, pues quedamos abandonados en un mundo sin sentido, que termina en una muerte definitiva. Es un poco la concepción del Verjovensky, en *Los endemoniados* y, por lo tanto, una parte o un momento en las perplejidades de Dostoyevski. Pero Dostoyevski se salva de la desesperación total, como se salva Kierkegaard, porque cree finalmente en Dios. También se salvan aquellos que como Nietzsche o Rimbaud –o muchos enérgicos ateos– tienen a Dios como enemigo, ya que para que exista como enemigo tiene en primer término que existir. Pero para un existencialista ateo como Sartre, pareciera que no queda otra salida que la pura desesperación.

Ya los románticos dijeron que nadie puede descargar a otro de su propia muerte. Pero para ellos, la muerte era la perfección de la vida, su justificación. Para Sartre, en cambio, es un puro absurdo: la imposibilidad de todas las posibilidades, la imposibilidad pura, la «revelación del absurdo de toda espera, aun el de su espera». Y el pasado, que aspiraba a justificarse en el futuro, ese futuro que había de conferirle un sentido, se queda al fin en un callejón cerrado, ante la nada total. La muerte no tiene sentido y tampoco o ni siquiera es horrible, ya que la misma palabra *horrible* pierde sentido cuando se ha muerto: si la seguimos aplicando es porque juzgamos la muerte desde nuestro punto de vista de hombres todavía vivos; pero es evidente que nada significa para el propio muerto, que no puede verse desde fuera, que no puede contemplar su propio cadáver.

Este ateísmo consecuente tiene que desembocar –parece– en una total desilusión sobre los valores de la vida, ya que esos valores quedan *ipso facto* aniquilados por la muerte, y la muerte llega, tarde o temprano. «Todo es lo mismo cuando se ha perdido la ilusión de ser eterno.»

Esta concepción trágica de la existencia alienta en buena parte de la literatura actual y explica que sus temas centrales sean a menudo la angustia, la soledad, la incomunicación, la locura y el suicidio.

El Universo, visto así, es un universo infernal, porque vivir sin creer en Algo es como ejecutar el acto sexual sin amor.

Nos podemos preguntar, sin embargo, si frente al dilema Berdiaeff-Sartre no hay otra salida. Si forzosamente hay que pronunciarse por Dios o por la desesperación.

No es extraño, pues, que ahora nos preguntemos qué es el hombre. Como dice Max Scheler, ésta es la primera vez en que el hombre se ha hecho completamente problemático, ya que además de no saber lo que es, también *sabe que no sabe.*

¿Qué nos lleva a luchar, a escribir, a pintar, a discutir a los que no creemos en Dios, si es que, en efecto, hay que elegir entre Dios y la nada, entre el sentido de nuestras vidas y el absurdo? ¿Es que entonces somos –sin saberlo– creyentes en Dios los que escribimos o construimos puentes?

Creo que el enigma empieza a ser menos enigmático si invertimos la cuestión: no preguntar cómo es posible que se luche cuando el mundo parece no tener sentido y cuando la muerte parece ser el fin total de la vida; sino, al revés, sospechar que el mundo *debe de tener un sentido*, puesto que luchamos, puesto que a pesar de toda la sinrazón seguimos actuando y viviendo, construyendo puentes y obras de arte, organizando tareas para muchas generaciones posteriores a nuestra muerte, meramente viviendo. Pues, ¿no será acaso que nuestro instinto es más penetrante que nuestra razón, esa razón que nos descorazona constantemente y que tiende a volvernos escépticos? Los escépticos no luchan y en rigor deberían matarse o dejarse morir en medio de una absoluta indiferencia. Y sin embargo la enorme mayoría de los seres humanos no se dejan morir ni se matan y siguen trabajando enérgicamente como hormigas que por delante tuvieran la eternidad.

Eso sí que es grande. ¿Qué valor tendría que trabajásemos y viviéramos entusiasmados *si supiéramos* que nos espera la eternidad? Lo maravilloso es que lo hagamos a pesar de que nuestra razón nos desilusione permanentemente. Como es digno de maravilla que las sinfonías y los cuadros y las teorías no estén hechos por hombres perfectos sino por pobres seres de carne y hueso.

Un atardecer de 1947, mientras iba caminando de una aldea de Italia a otra, vi a un hombrecito inclinado sobre su tierra, trabajando todavía afanosamente, casi sin luz. Su tierra labrada renacía a la vida. Al borde del camino se veía todavía un tanque retorcido y arrumbado. Pensé qué admirable es a pesar de todo el hombre, esa cosa tan pequeña y transitoria, tan reiteradamente aplastada por terremotos y guerras, tan cruelmente puesta a prueba por incendios y naufragios y pestes y muertes de hijos y padres.

Dice Gabriel Marcel: «El alma no es más que por la esperanza; la esperanza es, tal vez, la tela misma de que nuestra alma está formada».

¿A qué *pensar* sobre la inutilidad de nuestra vida, por qué empeñarnos en racionalizar también eso, lo más peligrosamente dramático de nuestra existencia? ¿Por qué no limitarnos humildemente a seguir nuestro instinto que nos induce a vivir y trabajar, a tener hijos y criarlos, a ayudar a nuestro semejante?

Precaria y modesta, esta convicción implica una posición ante el mundo. Porque si vivimos, vivimos en un mundo concreto y no podemos desentendernos de lo que sucede a nuestro alrededor.

Y a nuestro alrededor o hay ingenuos que siguen creyendo en el Progreso Incesante de la Humanidad mediante la Ciencia y los Inventos, o monstruos enloquecidos que sueñan con la esclavitud o la destrucción de razas y naciones enteras.

Ni dos guerras mundiales, ni la barbarie mecanizada de los campos de concentración han hecho vacilar la fe de esos adeptos del Progreso Científico. Ni siquiera los ha hecho meditar el que los peores excesos sucedieran en el país que más lejos había ido en el perfeccionamiento científico. El dogma sigue en pie. No importan las torturas, las Gestapos y Chekas. Todo eso no tiene importancia porque es transitorio: a la Humanidad le espera una Edad de Oro, en que todos seremos iguales y en que la felicidad reinará para siempre. Mientras tanto, hay que perseguir o aniquilar a los que ponen en duda ese Brillante Futuro, hay que quemar sus libros y proscribir sus doctrinas, hay que denunciarlos como decadentes, contrarrevolucionarios y vendidos.

¿Habrá entonces que arrojar bombas anarquistas frente al omnipotente poder de los superestados? ¿Habrá que huir a una isla desierta? ¿O habrá que encerrarse en una torre para escribir charadas policiales?

El poder físico de los estados es hoy tan tremendo que parece inútil plantearse soluciones teóricas al problema del hombre. Sin embargo es lo primero que debemos hacer, cualquiera sea la posibilidad de su realización.

El Renacimiento comenzó siendo individualista para conducir a la masificación, comenzó volviéndose hacia la naturaleza para terminar en la máquina, comenzó reivindicando al hombre concreto para concluir en la abstracción de la ciencia. El hombre debe luchar hoy por una nueva síntesis: no una mera resurrección del individualismo, sino la conciliación del individuo con la comunidad; no el destierro de la razón y de la máquina sino su relegamiento a los estrictos territorios que le corresponden.

Porque no todo fue malo en el proceso de nuestra civilización moderna. El dominio de la naturaleza dio un nuevo temple al hombre y las fuerzas desencadenadas por su razón tuvieron cierto género de grandeza. La exploración y la conquista del planeta, las gigantescas empresas llevadas a cabo en América por los *pioneers* del capitalismo individual son comparables a epopeyas de otros tiempos. Mientras la máquina se mantuvo *en la escala humana* y bajo el dominio de su creador, representó un triunfo del hombre, una expresión de su capacidad para trascender sus fronteras biológicas. Porque, a diferencia de los otros animales, el hombre se caracteriza por su capacidad para rebasar los límites de su cuerpo físico: desde el momento en que empuña un hacha o lanza una jabalina, ya este extraño animal comienza a sobrepasar su estructura carnal y ósea para alargar su brazo primero, para multiplicar luego su fuerza mediante la palanca y su rapidez mediante el carro y la nave. Poco a poco, en siglos de maduración, siguió extendiendo la potencia de sus órganos, mediante aparatos de creciente complejidad, hasta que sus sentidos se extendieron en todas las direcciones del espacio y del tiempo, bastando el más leve esfuerzo de sus dedos para que potentes máquinas obedezcan a su demiúrgica voluntad. En tierra, en aire o en agua, el hombre experimentó la embriaguez del infinito dominio y le pareció que todo había de rendirse ante sus deseos.

El hombre, orgulloso de su creación, cantó exaltadamente a la máquina. Y así Walt Whitman a la Locomotora:

> ¡Tú serás el motivo de mi canto!
> Tú, como te presentas en este instante entre la borrasca que avanza, la nieve que cae y el día de invierno que declina!

Saint-Exupéry describió esa hermosa sensación del piloto que está entrañablemente unido a su máquina, a su dócil criatura mecánica, a su hijo o hermano de acero y electricidad. Porque esos sueños de poderío, que según Freud nos hacen volar en las alturas, se realizan ahora de verdad en estos grandes pájaros que añoró Leonardo y que el hombre del siglo XX pudo por fin construir y manejar.

Y cuando conocí el capítulo de *The Mint*, en que T. E. Lawrence habla con ternura de los motores que solícitamente eran engrasados, pulidos, amaestrados por los mecánicos de la RAF, recordé mis días de infancia, en la sala de motores de nuestro molino, en que los chicos asistíamos al culto dominical de nuestro mecánico, que desarmaba los cilindros y lim piaba las válvulas de nuestro motor grande, aquel motor a gas de la Primera Guerra, con su volante de tres metros de diámetro que juzgábamos más fuerte, más trabajador, más hermoso, más fiel que el horrible motor de los Cabodi. Porque mientras la máquina está a nuestro servicio, mientras está a nuestra escala y podemos revisar sus entrañas, montar y desmontar sus piezas, conocer sus secretos y participar de sus angustias y fallas, mientras podemos ayudarla a vivir, a trabajar de nuevo como un fiel criado de la casa, a ahorrarle calentamientos y fricciones, mientras podemos evitar sus sufrimientos de monstruo desvalido por sí mismo, mientras nos sentimos padre y madre de ella, hermano de sangre y hueso, hermano mayor, más comprensivo y más capaz, mientras todo eso sucede, la máquina no es jamás nuestro enemigo sino nuestra prolongación querida y a veces admirada, como son admiradas las hazañas de nuestros hijos o hermanos menores. Y ese sentimiento es más fuerte en los que se juegan la vida con su máquina, en los que tienen que confiar y confían en la fidelidad fraternal de su motor, en los aviadores. Porque así como en el peligro se forma entre los hombres esa hermandad del miedo, esa fraternidad de la pobreza de la condición humana, así también, y tal vez con mayor ternura, se forma y se fortalece entre el hombre y su máquina, hasta formar un solo cuerpo y espíritu, como únicamente puede acontecer entre los amantes.

Algo semejante pasó también con la ciencia pura, pues mientras el hombre investigó las cosas vinculadas a su vida terrenal, a sus sentimientos y emociones, mientras el lenguaje de la ciencia fue el mismo de la vida y de la literatura, mientras se pudo hablar de «brazos» de palanca y de «fuerza viva», la ciencia era la prolongación fantástica y aventurera de lo humano, tenía todos los atributos de la vida y además el prestigio de la fantasía, de la aventura en tierras lejanas. En sus audaces exploraciones de los territorios no euclideanos, en las vastas construcciones teóricas de la relatividad, el hombre se exaltaba con el poder de su imaginación, con su ilimitada capacidad para trascender los límites de sus intuiciones cotidianas, con su sentido para la belleza pura del intelecto.

La ciencia y la máquina, en fin, descubrieron nuevos horizontes estéticos: buena parte del arte contemporáneo, todo el movimiento abstracto y constructivista, es el resultado de la nueva mentalidad. La misma máquina llegó a formar un hermoso universo de formas funcionales. La arquitectura dio sus máquinas de vivir y sus imponentes estructuras abstractas del rascacielos.

Pero así como la máquina empezó a liberarse del hombre y a enfrentarse a él, convirtiéndose en un monstruo anónimo y ajeno al alma humana, la ciencia se fue convirtiendo en un frígido y deshumanizado laberinto de símbolos. Ciencia y máquina fueron alejándose hacia un olimpo matemático, dejando solo y desamparado al hombre que les había dado vida. Triángulos y acero, logaritmos y electricidad, sinusoides y energía atómica, extrañamente unidos a las formas misteriosas y demoníacas del dinero, constituyeron finalmente el Gran Engranaje del que los seres humanos acabaron por ser oscuras e impotentes piezas. Y mientras los especialistas científicos pasan su vida en el fondo de un laboratorio, midiendo placas espectrográficas y apilando millares de números indiferentes, los últimos *individuos* de la era mecánica, los aviadores que aún eran como los caballeros andantes del aire, van ingresando en la cohorte anónima de las grandes masas de aparatos voladores, geométricamente formadas, dirigidas a ciegas por radio y por goniómetros, hacia mapas cuadriculados y abstractos para bombardear puntos definidos por coordenadas cartesianas.

Será menester, ahora, recuperar aquel sentido humano de la técnica y la ciencia, fijar sus límites, concluir con su religión. Pero sería necio prescindir de ellas en nombre del ser humano, porque al fin de cuentas son también producto de su espíritu. Como sería absurdo prescindir de la razón, por el solo hecho de que nuestros ingenuos predecesores la hayan elevado a la categoría de mito.

Si no somos destruidos por las fuerzas atómicas, será necesario acometer una vasta síntesis de elementos contrarios. Ya la filosofía existencial-fenomenológica intenta una conciliación de lo objetivo y lo subjetivo, de la esencia y la existencia, de lo absoluto y lo relativo, de lo intemporal y lo histórico.

A esta actitud filosófica debería corresponder una síntesis social del hombre y la comunidad. Ni el individualismo ni el colectivismo son soluciones humanas: como dice Martin Buber, el primero no ve a la sociedad y el segundo se niega a ver al hombre. Esas dos reacciones del hombre contemporáneo son el anverso y el reverso de esa situación inhóspita, de esa soledad cósmica y social en que se debate: refugiarse dentro de sí, o refugiarse en la colectividad.

Pero la verdadera posición no es ni una ni otra sino el reconocimiento del otro, del interlocutor, del semejante. Tanto el individuo aislado como la colectividad son abstracciones, ya que la realidad concreta es un diálogo, puesto que la existencia es un entrar en contacto del ser humano con las cosas y con sus iguales. El hecho fundamental es *el hombre con el hombre*. El reino del hombre no es el estrecho y angustioso territorio de su propio yo, ni el abstracto dominio de la colectividad, sino esa tierra intermedia en que suele acontecer el amor, la amistad, la comprensión, la piedad. Sólo el reconocimiento de este principio nos permitirá fundar comunidades auténticas, no máquinas sociales.

Contra esta clase de argumentos se suele responder que es inútil ofrecer utopías cuando la realidad está representada por dos estados colosales que de un momento a otro desencadenarán la lucha atómica.

A este argumento se puede contestar: primero, que si los superestados están prontos a desencadenar la lucha atómica, nada más utópico que esperar algo de ellos, porque lo más probable es que sucumba toda nuestra civilización y desaparezcan del ras de la tierra los seres humanos y los monumentos de su pasada grandeza; y segundo, que el poder meramente físico no puede ser un argumento para resolver los grandes enigmas del espíritu humano: podrá aniquilarlos, no resolverlos.

La lucha por imponer pequeñas comunidades socialistas puede parecer desproporcionada y absurda, en medio de esta pugna gigantesca entre estados monstruosos. Pero muchas grandes etapas de la historia del hombre han sido precedidas por actitudes desproporcionadas y absurdas. Además ¿qué sabemos de lo que hay más allá del absurdo? ¿Por qué una lucha ha de parecer razonable? Ignoramos, al menos yo lo ignoro, si los males y perversidades de la realidad tienen algún sentido oculto que escapa a nuestra torpe visión humana. Pero nuestro instinto de vida nos incita a luchar a pesar de todo, y esto es bastante, por lo menos para mí. No estamos *completamente* aislados. Los fugaces instantes de comunidad ante la belleza que experimentamos alguna vez al lado de otros hombres, los momentos de solidaridad ante el dolor, son como frágiles y transitorios puentes que comunican a los hombres por sobre el abismo sin fondo de la soledad. Frágiles y transitorios, esos puentes sin embargo existen y aunque se pusiese en duda todo lo demás, eso debería bastarnos para saber que hay algo fuera de nuestra cárcel y que ese algo es valioso y da sentido a nuestra vida, y tal vez hasta un sentido absoluto. ¿Por qué ha de alcanzarse lo absoluto, como pretenden los filósofos, mediante el conocimiento racional de todas las experiencias, y no por algún éxtasis repentino e instantáneo que ilumine de pronto los vastos dominios de lo absoluto? Dostoyevski dice por boca de Kiriloff: «Creo en la vida eterna en este mundo. Hay momentos en que el tiempo se detiene de repente para dar lugar a la eternidad». ¿Por qué buscar lo absoluto fuera del tiempo y no en esos instantes fugaces pero poderosos en que, al escuchar algunas notas musicales o al oír la voz de un semejante, sentimos que la vida tiene un sentido absoluto?

Ése es el sentido de la esperanza para mí y lo que, a pesar de mi sombría visión de la realidad, me levanta una y otra vez para luchar.

Todo el horror de los siglos pasados y presentes en la larga y difícil historia del hombre es inexistente además para cada niño que nace y para cada joven que comienza a creer. Cada esperanza de cada joven es nueva –felizmente–, porque el dolor no se sufre sino en carne propia. Esa cándida esperanza se va manchando, es cierto, deteriorando míseramente, convirtiéndose las más de las veces en un trapo sucio, que finalmente se arroja con asco. Pero lo admirable es que el hombre siga luchando a pesar de todo y que, desilusionado o triste, cansado o enfermo, siga trazando caminos, arando la tierra, luchando contra los elementos y hasta creando obras de belleza en medio de un mundo bárbaro y hostil. Esto debería bastar para probarnos que el mundo tiene algún misterioso sentido y para convencernos de que, aunque mortales y perversos, los hombres podemos alcanzar de algún modo la grandeza y la eternidad. Y que, si es cierto que Satanás es el amo de la tierra, en alguna parte del cielo o en algún rincón de nuestro ser reside un Espíritu Divino que incesantemente lucha contra él, para levantarnos una y otra vez sobre el barro de nuestra desesperación.

Heterodoxia

A la vieja y leal amistad
de Arturo Sánchez Riva
dedico este libro

HOMBRE Y MUJER. El candoroso siglo XIX no sólo culminó en la idea de que el hombre que viajaba en ferrocarril era moralmente superior al hombre que andaba a caballo: culminó en la doctrina más inesperada de todos los tiempos, en la idea de la identidad de los sexos.

Si no hubiera otras pruebas de la frivolidad de ese siglo, bastaría esa sola para condenarlo. Desde el punto de vista de esos optimistas, la diferencia entre el útero y el falo era algo así como un resabio de los Tiempos Oscuros, y destinado a desaparecer con la diligencia y el analfabetismo. Felizmente, ese extraño vaticinio no se ha cumplido, como tantos otros de aquellos profetas de la Locomotora.

Por desgracia, los siglos no terminan al mismo tiempo para todos, y así como Nietzsche fue un hombre del siglo XX, así pululan en nuestro tiempo los habitantes del siglo XIX. El inocente hecho de mostrar *diferencias* entre los dos sexos los pone ferozmente en guardia y les hace mascullar palabras como «reaccionario» y «bárbaro», pues los hechos han evolucionado de tal manera que el progresismo consiste hoy en mantener ideas definitivamente envejecidas.

La mayor parte de las mujeres, sobre todo las mujeres de alguna cultura –nada hay más peligroso que *algo* de cultura–, se dejan arrastrar por esa teoría, sin comprender que les hace muy poco favor y que las coloca en un terreno desfavorable: como si un submarino, molesto por el prestigio de la aviación, pretendiese ser tan bueno como un avión... en el aire. Si hasta parece una mefistofélica triquiñuela inventada por un enemigo de la mujer para hacerla quedar en ridículo. Con razón, Gina Lombroso pone en guardia a sus congéneres contra esa tortuosa doctrina: «Es inútil negarlo, la mujer no es igual al hombre. Buscad cualquier testimonio de la literatura antigua o moderna –una novela, un poema, un mito– y tratad de masculinizar a sus heroínas. Suponed por un instante a las mujeres del Antiguo y del Nuevo Testamento: Rebeca, Noemí, Ruth, María Magdalena, convertidas en hombres. Incluid en esta imaginaria metamorfosis a Helena, Hécuba, Electra, o simplemente a la Eugenia de Balzac, a la Rebeca de Walter Scott, a la Dorrit de Dickens, y decid en conciencia si las figuras que resultan de semejante operación no son ridículas o monstruosas».

BISEXUALIDAD. Establecer las diferencias entre hombre y mujer no implica ignorar la bisexualidad de los seres humanos, la atávica y por lo tanto profunda amalgama de atributos masculinos y por lo tanto que coexisten en cada uno de nosotros. Por el contrario, para poder hablar de bisexualidad es previo hablar de masculino y femenino, estableciendo los caracteres del Hombre y de la Mujer arquetípicos; objetos, claro está, que sólo existen al estado de pureza en el universo platónico pero que, de alguna manera, rigen los caracteres de los hombres y mujeres reales.

LA ABSTRACCIÓN Y LA MASCULINIDAD. El hombre, en su forma extrema de cientista y filósofo, persigue las ideas puras y abstractas, esos misteriosos entes que no pertenecen al mundo vivo, al confuso mundo de las vidas y las muertes, de los dolores y las emociones, sino al frígido universo de los objetos eternos.

Ha habido mujeres descollantes en letras y artes, pero ni una sola en filosofía. Este notable fenómeno, a través de distintos tipos de civilización, bastaría para apuntalar esta tesis. Pero hay testimonios valiosos que prueban no la incapacidad de la mujer para la abstracción sino su indiferencia y hasta su repugnancia.

Gina Lombroso: «La frecuentación que he tenido con mujeres dedicadas al estudio, las observaciones recogidas en diversos países, al mismo tiempo que una sincera introspección, me han convencido de que, por el contrario, existen entre la inteligencia masculina y femenina diferencias no cuantitativas sino cualitativas y de dirección que se relacionan, no tanto con circunstancias de tradición, de hábito, como con la específica función a que la mujer está destinada: la maternidad... A la mujer, que demuestra un interés tan vivo hacia todo lo que la rodea, hacia todo lo que pueda ver, sentir y tocar, le tiene sin cuidado la averiguación de las grandes leyes que rige eso mismo que hiere sus sentidos y su espíritu. Su avidez de conocimiento se dirige a las cosas mismas y no a las remotas causas a que obedecen; no le interesa contar las pulsaciones de un corazón que sufre, sino el saber por qué sufre... La mujer considera el universo con ojos y con alma de madre. Las plantas, los animales, los hombres, no son para ella problemas cognoscitivos sino seres capaces de sufrir y gozar, seres hacia los que se siente ligada no por el conocimiento sino por el amor. La ciencia por la ciencia, el arte por el arte, la fe por la fe, todo lo que está situado al margen de lo concreto y de lo útil, carece de sentido para la mujer... Se ha sostenido que esta diferencia de orientación intelectual provenía de su falta de contacto con la cultura, por haber estado durante siglos relegada a las funciones domésticas. Sin embargo, la pasión nada tiene que ver con la cultura, ni con los hábitos, ni con las aptitudes... Contrariamente, la pasión por la ciencia o por las teorías abstractas existe hasta en los hombres sin cultura, en muchos obreros y campesinos que sienten ese anhelo tan viva y desinteresadamente como los hombres cultos. En sus horas libres, los artesanos y labriegos medievales se complacían en discutir sobre arte y religión. Todavía hoy vemos en muchas aldeas a campesinos que prefieren, a una ganancia mayor, el placer de ejecutar de vez en cuando un instrumento o divagar sobre las cosas del mundo. ¡Qué cantidad de astrólogos y meteorólogos se encuentran entre los aldeanos! No es raro encontrar en minúsculos pueblitos a un humilde relojero, por ejemplo, que a fuerza de sacrificios pudo adquirir un pequeño telescopio y que, convertido en orgullo del lugar, está constantemente rodeado de muchachos que desean contemplar el firmamento».

Sonia Kowaleska, la notable matemática, anota en su libro de *Recuerdos:* «El trabajo y la creación científica no tienen ningún valor, puesto que ni otorgan la felicidad ni hacen mejorar a la humanidad. Es una locura emplear la juventud en esos estudios; es una desventura, sobre todo para la mujer, el poseer facultades que la impulsen hacia una esfera de actividad en que no obtiene ninguna alegría». Su amigo el matemático Mittag-Loeffler cuenta cómo la acometió una furiosa manía de bordar precisamente en el momento en que debía optar al premio Bourdin. Enamorada del matemático Weierstrass, Sonia fue impulsada al trabajo científico por el amor, cosa muy natural en una mujer, y no por amor a la ciencia misma, cosa muy de hombre. Desde Rusia escribe a madame Loeffler: «En Estocolmo, donde paso por ser la defensora de la emancipación femenina, terminé por creer que verdaderamente mi deber era dedicarme a las matemáticas, y así lo hago. Pero aquí soy conocida como la mamá de Foufi». Madame Loeffler confirma: «La procura de las verdades abstractas, ni le interesaba ni la satisfacía. En cuanto una nueva idea de este tipo nacía en ella, había que animarla para que la desarrollase. La producción de su cerebro no debía ir a parar a una humanidad abstracta sino servir de homenaje a alguien de quien ella pudiera recibir un don equivalente».

EL HOMBRE, ESE DESCABELLADO. El espíritu no es rectilíneo sino dialéctico y paradojal. El hombre suele partir de premisas lógicas y realistas, para remontarse a verdaderas locuras, a la fantasía y a los molinos de viento: Parménides, Colón, Don Quijote, Napoleón. A la inversa, la mujer es ilógica e irrealista, insensata; pero se adhiere a sus insensateces con furia realista y conservadora.

El hombre va de la realidad a lo descabellado, centrífugamente.

La mujer, de lo descabellado a la realidad, centrípetamente.

Razón por la cual la mujer no ha producido nunca filosofía, porque, ¿qué más descabellado que un sistema filosófico? Después de haber *probado* que la realidad es inmóvil, Parménides ha de haberse quedado tan tranquilo y orondo; mientras su mujer ha de haberlo mirado con esa mezcla de orgullo, compasión y perplejidad con que la madre observa al niño que juega seriamente a ser general en jefe de un ejército invisible.

LÓGICA E INTUICIÓN. El hombre *tiende* al mundo de la abstracción, de las ideas puras, de la razón y de la lógica. La mujer se mueve mejor en el mundo de lo concreto, de las ideas impuras, de lo irracional, de lo intuitivo.

El instinto es ilógico, pero no falla en los problemas de la vida, que no son nunca lógicos. El hombre fracasa cómicamente queriendo aplicar la lógica a la vida. No hay individuo más grotesco en la vida cotidiana que el cientista o el filósofo: se mueve cómodamente en un espacio de *n* dimensiones pero a cada paso tropieza o se olvida del paraguas en el mundo de tres. Valéry observa qué imperfectamente se movía Henri Poincaré en uno de los tantos universos posibles.

El Hombre sólo tiene fe en lo racional y abstracto, y por eso se refugia en los grandes sistemas científicos o filosóficos; de manera que cuando ese Sistema se viene abajo –como tarde o temprano sucede– se siente perdido, escéptico y suicida. La mujer confía en lo irracional, en lo mágico, y por eso difícilmente pierde la fe, porque nunca el mundo puede revelársele más absurdo de lo que a primera vista intuye. El *credo quia absurdum* es femenino, como toda filosofía existencialista (aunque sea hecha por hombres; por hombres, claro está, fuertemente propensos a la feminidad). Racionalizar al Universo y a Dios es empresa, en cambio, típicamente masculina, *locura* propia de hombres.

No creo en el existencialismo de Sartre por *esta* razón. Su clave más profunda hay que buscarla en su primera novela, en su náusea ante lo contingente y gelatinoso, en su propensión viril por lo nítido, matemático, limpio y racional. Su obra filosófica es el desarrollo conceptual de esta obsesión subconsciente. Y ese desarrollo tiene que llevar fatalmente hacia una filosofía racionalista y platónica.

La prueba de la ruleta. El ingeniero Georges Itzigsohn jugaba a la ruleta según un plan minuciosamente calculado, a base de fluctuaciones, estadísticas y cálculo de probabilidades. Su encantadora mujer, a pesar de su formación científica en la facultad de medicina, jugaba apostando a los cumpleaños de sus hijos. Ambos perdían, naturalmente, porque de otro modo no existiría el negocio de la ruleta. Pero mientras el ingeniero perdía *científicamente,* su mujer perdía *absurdamente.*

Sobre el origen de la industria. Otis Mason ha probado que la mujer fue la inventora de casi todas las artes útiles: de las primeras ideas sobre agricultura y ganadería, domesticación de animales, tinturas, tejidos, cerámica, medicina, cocción y conserva de alimentos, trenzado de mimbre, cueros y harinas. La industria es inicialmente femenina, *mientras se mantiene en la escala doméstica,* única que, como norma, interesa y apasiona a la mujer.

En su estado inicial, la industria es concreta y por eso femenina. El comercio, basado en el intercambio y el movimiento, conduce a la abstracción, y por lo tanto a la masculinización del mundo.

Cuando el comercio y la industria se agigantan y se vuelven abstractos, dejan de ser empresas de mujeres, a menos que éstas, como sucede en el mundo contemporáneo, tiendan a masculinizarse. Y se advierte que *ni siquiera* permanecen en manos femeninas las empresas más vinculadas a la feminidad, como la industria de los perfumes.

La industria casera apasiona a la mujer como todo lo que se relaciona a su casa, a sus hombres y seres queridos. En suma, a la conservación de la especie. El hombre se interesa en la gran industria o en el gran comercio por su ansia de poder y de inmortalidad.

EL AMOR A LAS COSAS. Dice Jung que el amor a las cosas es prerrogativa masculina, mientras que es un rasgo esencialmente femenino el hacer todo por amor a un ser humano. Esto es *parcialmente* cierto, pues habría que decir, con más precisión, que la característica del hombre es su *amor a la cosidad,* a las cosas en abstracto. Pues el amor concreto de la mujer a los seres que la rodean se proyecta a las cosas inanimadas que de algún modo estén vinculadas a ellos: una pipa, un traje, un juguete y, en general, a todos los objetos que constituyen el universo casero. Es muy característico de la mujer el querer trasladarse, cuando viaja, con el máximo de cosas hogareñas, muchas de las cuales no tienen ningún objeto ni son imprescindibles, excepto en el sentido de que prolongan el hogar en tierras lejanas. Casi no existe marido que no discuta con su mujer en el momento de hacer las valijas, pues el hombre tiende a viajar con el mínimo de impedimentos, mientras la mujer, si fuera posible, lo haría con la casa entera.

LA MADRE CIÉNAGA. La Madre es el barro original en casi todas las mitologías primitivas. El odio de Weininger a su madre se manifiesta en el odio a lo femenino en general y a lo que tiene de cenagoso, informe y sucio. *De allí su platonismo.* Aspira a estar lo más lejos posible de la ciénaga, en el *topos uranos.*

PERO ¿TIENE ALMA LA MUJER? Para el joven Weininger es clarísimo: NO. Para él, como para Aristóteles, el principio masculino es el activo y formador, el *logos,* mientras que el principio femenino constituye la *materia pasiva;* el alma es *forma, entelequia, y, por lo tanto,* está ausente en la mujer.

En términos menos filosóficos: la mujer es una especie de viscoso protoplasma que adopta cualquier forma porque no tiene ninguna. De donde su notoria capacidad para el teatro y la simulación. De donde que sus opiniones sean las de su marido o su amante (cf. *Two or three Graces* de Huxley).

En consecuencia, cuando se trata de mujeres, *cherchez l'homme.*

ATEÍSMO. Secta religiosa.

ENEMIGOS DE LA FILOSOFÍA. Hablar mal de la filosofía es, inevitablemente, hacer también filosofía. Pero mala.

¿En qué lugares se reclutan estos maledicentes? En primer término, en los laboratorios. Los hombres de ciencia positiva son a menudo seres del siglo XIX que viven en el siglo XX. Afirman atenerse a los hechos -esos famosos hechos- y sólo a ellos. Si les preguntamos cuáles son, nos señalarán un metro, una balanza, una columna de cifras, un termómetro, una pesa, algunos minerales, un hornito, ciertas placas espectrográficas. Nos dictaminarán que tomar un metro y medir una longitud son hechos, mientras que especular acerca de lo que es y lo que no es la medida es filosofía, es decir, puro charlatanismo. Ahora se han vuelto más cautelosos, porque han oído decir que su célebre Metro del Archivo –esa especie de Nicolás Lenín de los cientificistas, bajo campana– ha resultado un delincuente. Sin embargo, a pesar de todos los chascos epistemológicos que les ha deparado, es más fácil que un hombre de ciencia se ría de un tratado de filosofía que de un metro. Al menos, muchas veces los he encontrado jaraneando ante un tratado de filosofía y jamas he encontrado a ninguno de ellos riéndose ante un metro, aunque fuese un metro sin campana de vidrio. Por cierto que cuando le preguntaba el motivo de su algazara, el hombre iniciaba una tartamudeante explicación de índole metafísica.

La segunda legión se la encuentra en las calles, en los cafés, en las sobremesas, en los escritorios de negociantes y hombres prácticos («No me venga usted con filosofías»). En otras palabras, entre los hombres *realistas*, o sea esos señores que temen al número 13, que tocan madera cuando mencionan la salud, que se ríen en 1491 cuando alguien viene con el proyecto de descubrir América, que sucesivamente han rechazado los antípodas, el paraguas, la ametralladora, la radiactividad, la teoría de Einstein, los microbios, las ondas hertzianas. Más brevemente: entre esos realistas que se peculiarizan por rechazar futuras realidades. Esa gente se ríe de la filosofía, la consideran sinónimo de charlatanismo, la combaten, la juzgan perniciosa para las buenas costumbres y la estabilidad. Y todo ello en frases fundadas en vertiginosos e inconscientes postulados metafísicos. Porque, como dijo Goblot: «Le philosophe est le moins métaphysicien des hommes; le savant l'est un peu plus que lui; le vulgaire l'est éperdument».

FIDELIDAD DE LA MUJER. Weininger no menciona en su vasto insulto que cuando todos los discípulos –con excepción de Juan– habían abandonado a Jesús por miedo al populacho, cuatro mujeres lo acompañaron hasta el final, entre ellas una prostituta.

Tampoco recuerda que detrás de muchos grandes hombres –Edipo, San Agustín, los Gracos, los Macabeos, San Francisco, Abelardo, Goethe, Nietzsche, Schopenhauer, Napoleón– hubo una mujer.

¿ES HONORABLE NO SER COMUNISTA? Marx tomó de Hegel el llamado método dialéctico. Con qué razón y en qué medida se puede afirmar que la dialéctica hegeliana puede ser investida y puesta como fundamento del materialismo no es tema que yo vaya a desarrollar aquí; me permitiré recordar el análisis hecho en *Hombres y engranajes*. En este momento sólo me interesa destacar que la teoría de un «desenvolvimiento a través de contradicciones» les parece legitimar, a la mayor parte de los comunistas, cualquier clase de error. Tomada en esta acepción tan fructífera, la dialéctica es apta para justificar toda la serie de equivocaciones de la Internacional Comunista. Pero lo doblemente paradojal es que de pronto abandonan el método dialéctico para instalarse sólidamente en lo que ellos llamarían «la lógica metafísica», la lógica del sí y del no. Nada de síntesis dialéctica: antítesis irreductibles.

Ahora estamos en medio de una lucha mortal entre los capitalistas norteamericanos y los comunistas rusos. Parece que la mejor tradición hegeliana podría sugerirnos una síntesis, una suerte de «negación de la negación», colocándonos por encima de ambos bandos. Craso error: se está con Moscú o con Wall Street; o se firma obsecuentemente cualquier papel que nos presenta el Partido Comunista (en sus numerosas hipóstasis inocentes), o se es un lacayo del imperialismo yanqui. Inesperadamente, estos neohegelianos deciden que el eterno proceso dialéctico ha terminado. Con la misma impavidez filosófica con que el profesor Hegel dictaminó que la encarnación de la Idea había llegado a su término en el Estado Prusiano y en su organización policial. Fue una pena para la simetría metafísica que la historia haya seguido su curso, ignorando esa decisión del profesor Hegel. Pero he aquí que los profesores de la Academia de Moscú deciden hacer lo mismo, sin que el fracaso de su maestro les sirva de lección.

Que se puede no ser comunista y no obstante ajeno a Wall Street e incluso deseoso de un régimen social más humano y justiciero, puede probarse con la simple mostración de tales personas. La lista podría incluir a casi todos los pensadores y escritores de Occidente: Thomas Mann, Albert Einstein, Bertrand Russell, Hermann Hesse, Mahatma Gandhi, Benedetto Croce, Nicolás Berdiaeff, G. K. Chesterton, Miguel de Unamuno, Jacques Maritain, Georges Bernanos, Max Scheler, Martin Buber.

En cuanto a la teoría, puede sostenerse que la antítesis Nueva York-Moscú ha de ser superada en un tipo de sociedad socialista no totalitaria, fundada en *comunidades* auténticas, no en máquinas sociales. Ni el individualismo capitalista ni el colectivismo soviético son soluciones verdaderamente humanas, puesto que el hombre no es un yo aislado ni un engranaje, sino un ser en comunidad con sus semejantes.

Es trágico y siniestro que el fanatismo y la mala fe difundan el sofisma «o comunista o fascista». Parece que inevitablemente hubiese que ser –de un lado o del otro– partidario del terror, la venganza, la opresión, la calumnia, la duplicidad y el servilismo que caracterizan a todos los regímenes totalitarios.

El apocamiento filosófico. «Los filósofos, en su mayor parte, son tímidos por naturaleza y odian lo inesperado. Pocos de ellos serían legítimamente felices como piratas o ladrones. En consecuencia, inventan sistemas que tornan calculable el futuro, por lo menos en sus contornos fundamentales. El supremo practicante de este arte fue Hegel» (Russell).

NOVELISTAS Y PERSONAJES. La diferencia entre un escritor que crea un personaje loco y un loco está en que el escritor puede volver de la locura.

Ingenuidad de los que imaginan que Dostoyevski es un personaje de Dostoyevski. Claro que buena parte de él vive en Iván Karamázov, en Dimitri, en Aliosha, en Smerdiakov. Pero no hay que suponer, por eso, que Dimitri sería capaz de escribir *Los Karamázov.*

Entre la novela y la vida hay la misma diferencia que entre el sueño y la vigilia: el escritor cambia, disfraza la realidad para ejecutar actos infinitamente deseados. Y, como en los sueños, esos cambios, esos disfraces, son casi siempre inconscientes.

SOBRE EL DORMIR. «A propos du sommeil, aventure sinistre de tous les soirs...» (Baudelaire: *Journaux intimes).*

DESDOBLAMIENTO DEL CREADOR. Los personajes centrales de Anouilh son casi siempre muchachos que se aferran al amor absoluto y a la pureza; aun al precio de la muerte, se niegan a madurar, es decir, a *relativizarse.* El tiempo relativiza siempre, inevitablemente convierte lo puro en impuro, la ilusión en realidad. «Madurar» es envejecer, ensuciarse las manos, volverse sensato, aburguesarse, entrar en el juego de las conveniencias y de la razón; en suma, transformarse en un cochino.

Creón es el hombre maduro. Antígona, la muchacha que se niega a aceptar la vida tal como es, que se resiste a jugar ese siniestro juego de la existencia. ¿Dónde está Anouilh? Sus sueños, sus ansiedades más profundas, sus nostalgias más tenaces, su melancolía, están en Antígona. Pero su vida real, su cotidiano y sórdido heroísmo, en Creón.

Así nos pasa a todos.

RELATIVISMO ESTÉTICO. El famoso «criterio de los peritos»: es bello lo que los peritos encuentran bello. Bach es superior a Strauss porque así lo afirman los peritos.

Objeción: ¿cómo se sabe que un señor es perito? Porque prefiere Bach a Strauss.

Resultado: Bach es superior a Strauss porque así lo afirman los señores que prefieren Bach a Strauss.

FILOSOFÍA DE LA HISTORIA. Cuando Paul Valéry escribió su *Introduction à la méthode de Léonard de Vinci* no sabía nada sobre este personaje, según su propia confesión. No se puede negar que el sistema tiene sus ventajas: permite emitir la idea que se tiene sobre Leonardo con absoluta pureza, sin el embarazo que siempre suscita la realidad histórica –sucia, contingente, arbitraria, difícilmente sistematizable–. Por eso es normal que los escritores de biografías partan de una concepción apriorística y luego escarben un poco para encontrar los elementos que se ajusten a ella. Así se elaboran Colones que representan la Avaricia, o el Fanatismo de la Esfericidad de la Tierra, o el Espíritu Visionario, o la Generosidad de las Reinas.

En el extremo opuesto se encuentran los profesores que sostienen la doctrina de los «hechos»; estimulados por diversas confusiones generosas, mantienen que el historiador debe atenerse humildemente a los hechos. Pero ¿cuales? Imagino que ninguno de estos historiadores va a pretender atenerse a *todos*, ya que en ese caso habría que anotar no sólo la cantidad exacta de ganado vacuno existente en Nínive en el momento de su destrucción, sino, también y con sumo cuidado, la posición de las patas y el estado de sus sistemas nerviosos.

Si no se acepta este grandioso programa, es evidente que se deberá *seleccionar* hechos y entonces viene lo divertido. Porque sucede que esos honestos profesores que hablan de objetividad se ven obligados a elegir entre los infinitos hechos y para elegir es necesario un *criterio*, y la palabra criterio es la tímida sinonimia de la palabra *teoría*. Con lo que no escribiremos *la* Historia, sino *las* Historias. Para una escuela será más importante señalar la aparición de la máquina de vapor; para otra, la rebelión de los hussitas.

Consciente o inconscientemente, una historia está precedida de una filosofía de la historia; y en ese dilema, es preferible que esté precedida de una filosofía consciente, pues de lo contrario la precederá una de pésima calidad. Así, esos profesores que imaginan estar exentos de charlatanismo filosófico porque se limitan a enumerar cañones y generales, simplemente profesan alguna confusa metafísica militarista de la historia.

CASTICISMO. Según se sabe, consiste en escribir como si viviéramos cuatrocientos años atrás en Talavera de la Reina.

Hay muchas maneras de impedir la comunicación entre los hombres. Ésta es la más apreciada por los profesores de gramática.

IDIOMAS PUROS. ¿Qué pensar de una doctrina que aconseja aplicar la filosofía de Hegel o el funcionamiento de una radio con palabras como carreta, buey, casco, guerra, cuerno de caza y Nibelungo? Esta doctrina fue vociferada por los gramáticos nazis. Y –aunque sin el apoyo de campos de concentración– expresa bastante bien el ideal de los académicos franceses y españoles.

DICCIONARIOS. Ni Shakespeare, ni Cervantes, ni Dante, ni Montaigne pudieron gozar de los beneficios de un Diccionario de la Academia. Eso explica la muchedumbre de errores que afean sus obras y que muchos manuales tienen la precaución de señalarnos. Tal vez con el deseo de que no se repitan.

ENTRE LA AVENTURA Y LA TORRE DE MARFIL. El derrumbe de nuestro tiempo suscita dos actitudes opuestas entre los artistas e intelectuales: el lanzamiento hacia la aventura y la acción (Malraux, T. E. Lawrence, Saint-Exupéry); o el refugio en la torre de marfil (Valéry, Borges). Acción o contemplación, existencia o esencia. Y es probable que en ambos casos actúe la misma y misteriosa fuerza, que busca el orden en medio del furioso caos; pues el hombre tiende siempre –quizá por pavor cósmico– a la búsqueda de un orden, ya sea instaurando la ciencia, la religión, el estado, las artes, los sistemas filosóficos, o la policía.

El héroe de *La náusea,* ante el gelatinoso universo de las cosas y los seres, experimenta la necesidad de refugiarse en el universo acerado y limpio de lo necesario. Desde las más oscuras profundidades del cuerpo asciende hacia el espíritu un instintivo asco por el desorden, y la ansiedad física se transforma en una ansiedad metafísica.

La aventura y la torre de marfil se pueden hasta dar en la misma persona, en virtud de esa ley psicológica, ya entrevista por Heráclito, de la *enantiodromia* reguladora de los contrastes. Pascal pasó del esencialismo matemático al existencialismo de su mística; Saint-Exupéry pasaba de la aventura a la mecánica y a las matemáticas.

El extravertido corre hacia la acción, mientras el intravertido se encierra en su torre de marfil. Pero todos tenemos en germen ambos personajes, de tal modo que marcan el ritmo de nuestra vida, como dice Goethe, en armónica sucesión. Sólo que la oscuridad y el terror pueden hacer que el matemático o el poeta no salgan jamás de su torre al caos; o que el calor de la lucha, el vértigo de la aventura, la borrachera de la sangre y de la muerte impidan a los hombres como Lawrence volver a su torre para entregarse a los añorados clásicos. Y así, en las épocas caóticas como ésta, uno de los dos yos puede quedar hundido en el fondo de la inconsciencia, y el ritmo armónico se quiebra.

LA LENGUA Y LA VIDA. Desde los tiempos en que Platón discutía este problema, cierta clase de profesores emiten la desesperada teoría de la racionalidad y estabilidad de la lengua. Desgraciadamente, casi nunca la realidad parece tener en cuenta nuestros deseos y esa melancólica tendencia es la causa de innumerables desconsuelos.

El revuelto proceso de que forma parte el hombre en sociedad promueve una incesante transformación del idioma, hasta el punto de que si en un instante dado se impusiera una lengua lógicamente perfecta –como el esperanto– al cabo de un par de siglos habrían estallado los cuadros de su sintaxis, de su léxico y de su fonética. El pueblo, como el niño y el creador, se expresa con imágenes; y las palabras, que estaban destinadas a tener una significación única, se hacen equívocas, oblicuas y hasta opuestas –como en *nimio y álgido*–. El camino de las lenguas es así tortuoso e irracional como la vida. De otro modo, el latín no se habría convertido en español y hoy estaríamos hablando como Cicerón, o como Buda, o Dios sabe en qué.

Ciertos inspectores de la moralidad lingüística –cuya misión consiste en perseguir las malas costumbres actuales en nombre de las malas costumbres consagradas– hablan de «corrupción», queriendo referirse, supongo, a la «transformación» de la lengua. ¿Por qué, en ese caso, en vez de extasiarse con Cervantes no lo vituperan? ¿Acaso no saben que ese individuo escribía en un latín descaradamente corrompido?

PASCAL. «Écrire contre ceux qui approfondissent trop les sciences» (Descartes).

CIVILIZACIÓN Y BARBARIE. Sarmiento llevaba a Quiroga bien dentro de sí: es al caudillo lo que el super-yo al inconsciente. Lo insulta, lo escarnece, lo ridiculiza, ¡pero cuánto lo admira, qué secretamente lo comprende y lo siente!

PENSADORES AL ESTADO QUÍMICAMENTE PURO. «Sería razonable que entre pensador y hombre hubiese la mínima diferencia» (Kierkegaard).

LENGUAJE ARGENTINO. Unamuno. «El pueblo español, cuyo núcleo de concentración y unidad histórica dio el castellano, se ha extendido por dilatados países, y no tendrá personalidad propia mientras no posea un lenguaje en que, sin abdicar en lo más mínimo de su peculiar modo de ser, cada uno de los países que lo hable hallen en él la más perfecta y adecuada expresión de sus sentimientos e ideas... Y hacen bien los hispano-americanos que reivindican los fueros de su hablar, los que en la Argentina llaman idioma nacional al brioso español de su gran poema *Martín Fierro.*»

El mismo pensamiento, aunque paradojalmente expresado, desarrolla el doctor Mario Bonfanti, memorable gramático fabricado por H. Bustos Domecq: «Quienes azacanadamente regruñen que es de novacheleros el afán de sopalancar y engreír la novísima parla indocastellana, muy a las claras patentizan su mustia condición de antañones, cuando no de pilongos y desmarridos». Lo que en buen romance quiere decir: «En América no debemos escribir como el doctor Bonfanti».

Este lingüista, que nos infiere «marbete», «chascarrillo» y «tío vivo», y que no se detiene ante horrores como «contralorear», pertenece a la misma casta de prosistas que son capaces de ensuciar una página de más para evitar la repetición de un *que*, como si esta humilde repetición pudiese ser peor que el resto de su producto.

El casticismo en España es una calamidad bastante enérgica por causa de la Academia; pero aquí es frecuente encontrarse con gentes que, a pesar de sus bárbaros apellidos o por eso mismo, resultan más españolistas que los madrileños, hasta el punto de imitar hasta sus barbarismos. Y así, tomando por elegancia de lenguaje lo que meramente es una confusión metropolitana de dativo por acusativo, nos dicen: «les conocimos en la calle» o «la dimos un libro».

No es que yo salga ahora a defender la coherencia gramatical y las normas sagradas. Simplemente salgo a defender el derecho a quedarnos con nuestros propios barbarismos.

La gran claridad de la Edad Media. Gustave Cohen establece las diferencias –las ventajas– del cristianismo francés; el español es sombrío, el italiano es pagano, etc.; el francés en cambio, «en el orden filosófico será racional y en muchos aspectos racionalista». Eso es. Ejemplo: Saint Thomas d'Aquin.

Estratos del amor. A los tres estratos del ser humano –carne, alma, espíritu– corresponden tres manifestaciones del amor, desde el rigurosamente animal e instintivo hasta el amor espiritual, fenómeno peculiar del hombre. Pero no aparecen en recintos herméticos, ni son estáticos ni definidos, pues todo lo que se refiere a la vida es dinámico y contradictorio. De tal manera que es fácil discernir matices sexuales en el más alto amor espiritual –Santa Teresa, San Juan de la Cruz–, como inesperados tonos espirituales en el amor físico.

La ansiedad de los fijistas. La idea de fijar un idioma nace de la ingenua creencia en su insuperable perfección. Personas ansiosas y maravilladas instan a guardarlo en una vitrina, a cubierto del polvo, alejado del riesgo callejero, del vulgo ignorante, de los escritores bárbaros e irrespetuosos. No satisfechos con el vanidoso sentimiento de poseer la mejor lengua, pretenden además ser sus depositarios absolutos. El resultado es conocido: también ellos terminan por vivir en una vitrina, velando un cadáver embalsamado, mientras el espíritu de la lengua vaga por la ciudad.

El asunto de la vitrina comienza para nosotros en 1492, cuando Nebrija le decía a Isabel que la lengua castellana estaba «ya tanto en la cumbre, que más se pudiera temer el descendimiento della que esperar la subida». Que Nebrija se equivocaba, como fatalmente se equivocan todos los gramáticos, lo demuestra la existencia de algunos considerables escritores posteriores a ese peligroso instante: Cervantes, Quevedo, Góngora, Lope, Rubén Darío, Unamuno, Baroja, Ortega, Sarmiento, Hernández.

Con teleológica candidez, el pobre Nebrija creía que su época constituía algo enorme y especial. Candidez parecida a la de Saint-Pierre, para quien los melones habían sido creados con rajas para facilitar su consumo en familia. Pretendemos que la evolución de millones de años a través de amebas y megaterios se ha realizado para que el Hombre Contemporáneo goce de ciertos privilegios, sin advertir que una de las irremediables características de ese Hombre es la de estar dejando de ser Contemporáneo a cada minuto que pasa.

SOBRE LA EXISTENCIA DEL HOMBRE. Somos como esos presos a perpetuidad que construyen barquitos dentro de una botella, o lapiceras de colores.

CLÁSICOS. La edición castellana de *La Divina Proporción* en Buenos Aires me sume en complicadas meditaciones. La magnífica edición, el alto precio, el hermoso título y el oscuro contenido deciden su destino: regalo de cumpleaños. ¿Y quién, por Dios, se va a poner a descifrar a Luca Pacioli por el mero hecho de cumplir treinta y cinco años?

Hablando en términos generales, el destino de todo clásico es finalmente el regalo de cumpleaños. Y cuando se está al lado de una billetera o de un ramo de flores se puede estar seguro de pertenecer a la Historia de las Letras, pero también a la Historia de la Ignorancia.

EL FAMOSO BUEN USO GRAMATICAL. Una persona respetuosa de la Gramática jamás incurriría en una frase como «Hoy hacen, señor, según mi cuenta, un mes y cuatro días...». Esta bárbara falta de concordancia, esta conversión de acusativo en sujeto, es un indicio de mala educación gramatical. Aunque tal vez pueda ser un indicio del desdén que Cervantes tenía por los pedantes.

Tratándose de ese autor, la mayor parte de los preceptores se pondrán, o se habrán puesto ya –la lectura de gramáticas no es mi pasión–, a buscarle alguna justificación lógica o editorial. Y, en última instancia, no faltará quien eleve esa falta al rango de excepción aconsejada por «el buen uso». Ese célebre buen uso, tan fácil de percibir unos cuantos siglos después, cuando se tienen todas las garantías de que ese aventurero que escribía en la cárcel era un genio literario.

Porque con las incorrecciones gramaticales pasa como con los golpes de Estado: si sus ejecutantes fracasan, el golpe es titulado «siniestra intentona» y sus jefes calificados de «bandoleros»; pero si triunfan, señala una fecha histórica y sus jefes se convierten en héroes y modelos patrióticos que deben ser imitados.

SOBRE LA CLAVE DE LA HISTORIA. Miramos la historia a través de nuestras propias experiencias y no vemos sino lo que somos capaces de ver, tal como cuando leemos una novela. Cuando niños, se nos aparece como un conjunto de batallas; más adelante, como una sucesión de problemas amorosos o de luchas económicas, o políticas, o religiosas; finalmente, concluimos por entrever algo así como un combate metafísico entre el Bien y el Mal.

Todas esas versiones tienen parte de verdad, porque la historia ha sido hecha también por seres que tienen algo de niño, de joven, de hombre y de metafísico. Y sólo son contradictorias entre sí en la medida en que son tomadas aisladamente. Los generales que luchan en el campo de batalla pueden ser los juguetes de una intriga amorosa de Palacio, o de una poderosa maquinación financiera; y todos ellos, generales, amantes y capitanes de las finanzas, juguetes, a su vez, de una oscura batalla entre las potencias del Bien y del Mal.

PREMIOS LITERARIOS. Louise Colet, la mujer por la que Flaubert se desesperó, tuvo por amantes a Victor Cousin,

Victor Hugo, Alfred de Musset y Alfred de Vigny. Y, qué casualidad, obtuvo por cuatro veces el premio de poesía que anualmente otorgaban esos cuatro caballeros. No obstante escribir tan mal que hasta el propio Flaubert lo advertía.

SAINTE-BEUVE. Feo, desafortunado con las mujeres, traidor a sus mejores amigos, desprovisto de talento creativo, creyó que su destino estaba en la crítica. Pero también allí se necesita capacidad creadora, genial intuición. Resultado: desconoció a tres de los más grandes escritores de todos los tiempos: Balzac, Stendhal y Baudelaire.

Y todavía se le rinden homenajes.

EL ESTILO DE STENDHAL. Como romántico genuino, tiene el mismo desprecio por los seudo-románticos que los espíritus auténticamente religiosos tienen por los beatos. Se burla de los que ponen *coursier* en lugar de *cheval*, defiende la verdad contra la pompa y la mistificación. El poder de este hombre, quizá el secreto de su perdurabilidad, se debe a que expresa hechos románticos en una prosa seca y antirromántica: el efecto es paradojalmente doble. Algo parecido a lo que pasa con Kafka, que describe sus pesadillas con un tranquilo realismo.

«Una palabra ridícula o simplemente exagerada bastó muchas veces para echarme a perder las cosas más bellas. Por ejemplo, en Wagram, al lado de la pieza de artillería, cuando ardía en las hierbas, aquel coronel bromista, amigo nuestro, exclamó: *¡Ésta es una batalla de gigantes!* La impresión de grandeza se me desvaneció para el resto de la jornada.»

HUDSON OPINA SOBRE LARRETA. En una carta a C. Graham: «El estilo demasiado elevado y académico es monótono; nunca se levanta y nunca desciende de un mismo nivel, no hay llamaradas ni resplandores. Encontré alivio en el acto de dejar *Don Ramiro* para tomar el *Infierno* de Dante. Éste tiene una especie de horrible y espiritual jovialidad que no había notado antes. El Infierno era más real, más humano, para Dante que Ávila y su marchita aristocracia del siglo XVI para Larreta... Su protagonista es un loco, un hombre de acción, un asesino, un héroe, un santo y un místico; pero no importa un comino lo que sea o haga: todo el tiempo se sabe que no es nada más que un maniquí».

El estilo de Flaubert. Julien Green en su *Journal:* «Relectura de *Herodias,* sin aburrimiento pero sin entusiasmo, sin admiración sincera por toda esa joyería de epítetos. Se me ocurre que esta continua perfección tiene algo de inhumano y mata cada frase al paso, sin fallar en una».

«He releído la leyenda de *Saint Julien l'Hospitalier* y esta vez he quedado decepcionado. Desde luego, hay frases que por sí solas parecen resucitar toda la Edad Media, pero lo más a menudo el estilo, el famoso estilo de Flaubert, se interpone como una pantalla entre el asunto y la emoción que este asunto debe producir; una pantalla magnífica, convengo, una pantalla erizada de joyas... Se gustaría más, al precio de algunos defectos, un estilo que diese la impresión de respirar como un ser viviente, con esa libertad que tenía Flaubert cuando no se vigilaba cuando olvidaba su corona de flores de naranjo.»

Los italianos y la frase. Como observa Thibaudet, Napoleón hacía frases cuando se dirigía al pueblo, pero jamás en su correspondencia privada. Stendhal, que se vanagloriaba de su rama Guadagni, leía el Código Civil antes de ponerse a escribir, como manera de no caer en la grandilocuencia de la época. Y no confundamos esta forma de ser con frialdad de espíritu, no imaginemos que la pasión debe expresarse con grandes frases: al contrario, hay motivos para pensar que las grandes frases se han hecho para manifestar la falsa pasión; mientras que la exaltada dureza, la concisión, la nitidez de Dante corresponden a la máxima potencia emocional.

Stendhal era un romántico con lenguaje de jurista y matemático.

Desde Dante hasta Pirandello, la mejor tradición italiana ha sido la de la precisión y la sobriedad. La pompa de sus peores exponentes es consecuencia de esa incredulidad de fondo que suele encontrarse en los italianos, de su cínico, de su escéptico realismo. Solamente los extranjeros creían en las frases de Mussolini: los más exaltados de sus partidarios se encontraban fuera del país.

EL ESTILO DE CIERTOS GRAMÁTICOS. Me hace recordar a la musculatura de los atletas profesionales de circo.

ACERCA DEL MAL GUSTO. «Ce qu'il y a d'enivrant dans le mauvais goût, c'est le plaisir aristocratique de déplaire» (Baudelaire).

NUEVA EDUCACIÓN. En algunos teóricos de la nueva educación he oído hablar de «libre iniciativa». Supongo que consiste en permitirle al chico que toque el piano, si lo desea, pero en quitarle el cuchillo de la mano si se propone matar al hermanito. Me imagino. Pues los partidarios de este extraño culto no serán tan fanáticos como para facilitar el asesinato de los hermanos menores en mérito a la doctrina.

Lo que, en otras palabras, significa que el niño goza de libre iniciativa excepto cuando no goza de libre iniciativa. Lo que, probablemente, se ha de parecer bastante a la vieja educación.

LA ETERNA ILUSIÓN. «Contiene, sin embargo, según mi convicción, la fórmula irrefutable de un pensamiento que, lo repito, no podrá ser combatido una vez que haya sido expresado» (Spengler, a propósito de la idea central de su libro).

«A los diez años de trazado, su esquema de la historia universal aparece como un mausoleo vacío y abandonado. Los rasgos caricaturescos, las concepciones unilaterales y arbitrarias, la simetría acrobática con que su autor la concibió, hacían que su edificio fuera inhabitable desde el primer momento para la historia» (Huizinga, a propósito de Spengler).

TEOLOGÍA. En un hotel mexicano, Diego Rivera pintó un fresco revolucionario que incluye la figura del licenciado Ignacio Ramírez. El licenciado sostiene un libro abierto, en cuyas tapas se lee: IGNACIO RAMÍREZ DEMOSTRÓ, LÓGICA Y EXPERIMENTALMENTE, QUE DIOS NO EXISTE.

DIOS Y STENDHAL. En cambio, el autor de *Rojo y Negro* se limitó a escribir: «La única excusa de Dios es que no existe».

EL DESDICHADO WEININGER. Para el conocimiento de lo femenino siguió un método enérgico y sacrificado, aunque paradojal: no acostarse jamás con ninguna mujer. Semejante a Leverrier –que encerrado en su cuarto de trabajo, con sólo lápiz y papel, sin haber tocado un telescopio, indica a los astrónomos prácticos la presencia de un planeta desconocido–, apriorístico, ascético y desdeñoso, Otto Weininger profirió centenares de páginas contra la mujer. Su onanismo filosófico se descarga con furia sobre la mujer, su bestialidad, su sentimentalismo, su carencia de moral; ese monstruo no tiene memoria, no puede discriminar entre el bien y el mal ni entre la verdad y el error, no reconoce el valor de la Ley, está desprovisto de conciencia intelectual, es incapaz de concebir el Tiempo y la Eternidad, no posee esencia ni existencia, no forma parte de la realidad ontológica, es informe como un protozoario y carece de alma. En resumen, y para emplear las propias palabras del desdichado joven: NO ES NADA.

Es dudoso que este dictamen pueda despertar la simpatía femenina, y desde ese punto de vista hay que alabar la intrepidez de su autor. De no haberse suicidado a los veinte años, su carrera como demagogo difícilmente habría podido ser destacada. Pero también debe decirse que si un método apriorístico puede servir para planetas, escasamente es eficaz para objetos tan sutiles y complejos como las mujeres.

SOBRE LOS VALETS. Dicen que no hay gran hombre para el *valet de chambre.* Cierto. Pero es una prueba contra los *valets.*

LENGUAJE VIVIENTE. La gramática oscila entre sus pretensiones lógicas y sus convenciones venerables, extremos que no ofrecen la menor defensa, ya que ni la gramática puede fundarse en la lógica, ni las convenciones son inmutables. Desde Humboldt se sabe que el idioma no es *ergon,* sino *enérgeia,* no producto hecho, sino *actividad,* energía viva en perpetua transformación. Las categorías gramaticales, lejos de ser la expresión de categorías lógicas, apenas son la petrificación de hechos psicológicos.

Es inútil, pues, que los profesores nos vengan con sus ucases. Es inútil que la Academia Española nos prohíba usar la apócope *recién* si no es con un participio pasado, porque desde Sarmiento no hay un buen escritor argentino que no la use, así como siguen escribiendo *inmiscuyo* y *agilizar.* ¿Y quién, que no sea un incurable pedante, va a decir en nuestro país *solecito, mamaíta* y *cieguezuelo?*

Después de todo, siempre se es bárbaro respecto de algo, como Dante lo fue respecto del latín. Siendo así, quedémonos con los barbarismos vivientes y expresivos, en vez de llenarnos la boca con barbarismos antiguos. Esos mismos preceptores que hoy nos abruman con Dante, lo habrían criticado de haber sido sus contemporáneos por su empeño de expresarse en dialecto vulgar, cuando tenía a su alcance el fijo, limpio y esplendoroso latín. Pero Dante les habría vuelto la espalda *in gran dispitto,* pues sabía que el único lenguaje del artista es el viviente, el lenguaje en que se vive, se ama y se muere; ya que en los instantes esenciales de nuestra existencia todos mostramos estar hechos con idéntica materia: modesta, precaria, popular. Cuando el estudiante culterano fue sacudido por Pantagruel, el miedo lo volvió auténtico y comenzó a gritar en dialecto lemosín. Muchos escritores prefieren emplear palabras presuntuosas, en parte porque a nadie le gusta mostrar a las claras que lo que dice es una trivialidad, y además porque detrás de esos ruidos no hay ni auténtica vida ni auténtica muerte: no hay más que «literatura». El verdadero creador, en cambio, hará como el poeta castellano, que decía:

> Quiero fer la pasión del señor sant Laurent
> en romanz, que la pueda saber toda la gent.

SOBRE LA CLARIDAD DE EXPRESIÓN. «La desgracia de los escritores penetrantes y claros es que se los toma por superficiales, y, por consiguiente, nadie muestra interés por ellos; y la suerte de los escritores oscuros es que el lector se extenúa sobre ellos y pone a su cuenta el placer que le produce su diligencia.» A este malentendido llama Nietzsche «dos clases de desconocimiento».

LITERATURA. Otra observación de Nietzsche: «El mejor autor será aquel a quien le dé vergüenza ser hombre de letras».

LÓGICA DEL LENGUAJE. Problemas que desearíamos ver resueltos por los que hablan de la lógica del lenguaje: «físico atómico», «antología poética», etc. ¿Qué, son físicos que van a estallar de un momento a otro, antologías elaboradas poéticamente? Además, ni siquiera es consecuente en sus locuras, el lenguaje: un «médico tuberculoso» es, en efecto, un médico tuberculoso.

ESE ARISTÓTELES. Hay muchas maneras de medir el poder de los genios. Una de ellas es la de medirlo por la fuerza de sus equivocaciones. Cuando un pobre diablo se equivoca o enuncia una idea evidentemente falsa, le volvemos la espalda y nos ocupamos de otra cosa; su teoría habitualmente no trastorna más que la cabeza de su novia. Pero cuando un genio se equivoca, arrastra consigo grandes masas humanas y proyecta su sombra sobre vastos sectores de tiempo. En este sentido, creo, debemos interpretar la afirmación de Schopenhauer de que Aristóteles constituye una de las grandes calamidades de la historia. Le debemos la lógica y buena parte de la filosofía; pero, hasta bien entrada la época moderna, casi dos mil años después de su muerte, sus discípulos se negaban a *ver* los satélites de Júpiter que alguien les mostraba a través de un telescopio.

La idea de asimilar la gramática a la lógica fue también sugerida por Aristóteles y hubo que llegar hasta el siglo XIX para que el mito empezara a desprestigiarse. No obstante lo cual, muchos longevos profesores, puesto que evidentemente han nacido para el siglo XVIII, seculares y enérgicos, nos persiguen con sus garrotes estagiritas.

PECADO E INFIERNO. Baudelaire: «Ce qu'il y a d'étrange dans la femme –prédestination– c'est qu'elle est à la fois le péché et l'enfer».

PALABRAS. Un buen escritor expresa grandes cosas con pequeñas palabras; a la inversa del mal escritor, que dice cosas insignificantes con palabras grandiosas.

DOCTRINAS LINGÜÍSTICAS. El descubrimiento del sánscrito en el siglo pasado revolucionó las viejas ideas, reveló la relación entre las diferentes lenguas indoeuropeas y, sobre todo, mostró que el lenguaje se transforma constantemente. Pero como todos estaban entusiasmados con los monos y *the struggle for life*, la lengua, hecho cultural, cayó en el torbellino biologista: se empezó a hablar de lenguas madres e hijas, de luchas entre vocablos, de supervivencia de los más aptos. Como si la lengua fuera equiparable a un eucalipto o a un marsupial.

Frente a esta calamidad se levantó la otra, la de los mecanicistas. Era por el tiempo en que Fechner, precediendo al doctor Gallup, organizaba un desfile de ciudadanos alemanes delante de rectángulos, para ver si el plebiscito favorecía a la sección de oro. La invención de algunos ingeniosos aparatitos indujo a otros laboriosos sabios a registrar y analizar las oscilaciones producidas por la palabra «caramba» o por la *t* dura de los guaraníes. Y así, la teoría del lenguaje vaciló entre el biologismo y el mecanicismo, entre los monos y los fonógrafos.

Y sin embargo Humboldt había echado ya las bases de su magna doctrina. Pero tendría que pasar casi un siglo para que se valorasen las ideas de este hombre. Hubo que esperar hasta el momento en que empezamos a advertir que la realidad, que toda la realidad, no puede ser interpretada mediante monos y fonógrafos.

LENGUAJE DE LA CIENCIA Y LENGUAJE DE LA VIDA. Muchas de las actuales confusiones de la gramática y de la lingüística se deben –en mi opinión– a que no se distingue la existencia de *dos lenguajes*, más o menos superpuestos: *el lenguaje de la vida y el lenguaje de la verdad.*

Primero el hombre *vive* en el universo y luego *reflexiona* sobre su esencia. Y es inevitable que al ir construyendo, poco a poco, burdamente, el mundo de los conceptos, su ciencia y su filosofía, se valga de las palabras que tiene a mano, de esas palabras que, como «piedra» y «calor», le han servido para sobrevivir, simplemente para sobrevivir. Y como de algún modo esos imperfectos signos tienen parentesco con los fantasmas del cielo platónico, como en alguna medida la palabra «piedra» sugiere la transparente «piedridad» que desde allá arriba rige su existencia, el hombre resulta capaz de irse elevando hacia el puro mundo de las ideas merced a ese imperfecto conjunto de materializaciones. Pero esta tara antropomórfica no nos debe engañar sobre la esencia de aquel universo platónico que debe, finalmente, ser expresado con un lenguaje de símbolos creados para él y sólo para él. En ese instante el lenguaje de la ciencia se separa para siempre del lenguaje vital.

Ahora bien: la lógica, por la que tanto suspiran los gramáticos –ansiosos de encontrar una base firme al tembladeral en que se mueven–, tiene muy poco que ver con el lenguaje de la vida; su sede es el lenguaje de la ciencia. Me parece necesario que de una buena vez nos convenzamos de esta verdad.

El lenguaje de la ciencia puede ser lógico porque sus proposiciones se refieren al mundo estático y unívoco de las esencias; y no tienen otro objeto que expresar y comunicar verdades. Nadie pretende que, además, la frase persuada, despierte entusiasmo o adhesión, suscite grandes manifestaciones populares de odio o alegría. Desde este punto de vista, es una desgracia que los hombres de ciencia tengan que servirse a menudo de palabras concretas, vitales, cotidianas, para simbolizar sus objetos abstractos; pues esas palabras vienen cargadas de afectos que nada tienen que hacer en el reino del pensamiento puro y que más bien perturban –y han perturbado– su desarrollo. Razón por la cual la ciencia ha terminado por buscar su lenguaje propio, totalmente inventado para sus necesidades: una tranquila multitud de símbolos desposeídos de cualquier otro significado que el convenido por sus creadores.

Muy diferente es el lenguaje que se emplea en el mundo del hombre concreto. En primer término, porque su realidad no es lógica, y luego porque no sólo o ni siquiera se propone *comunicar* un conocimiento o una verdad: más bien pretende expresar sentimientos y emociones, e intenta actuar sobre el ánimo de sus semejantes incitándolos a la acción, a la simpatía o al odio. Es, por lo tanto, un lenguaje insinuante, absurdo y contradictorio. En este dominio de lo viviente, se suele ver a hombres patéticos, con una Gramática entre las manos, como evangelistas con la Biblia, intentando vanamente ser escuchados por la turba.

Las astucias del lenguaje. El lenguaje de la vida y de la literatura no obedece a leyes rígidas, porque su objetivo no es decir verdades sino lograr victorias. Se cambian a cada instante las modalidades del juego, como en el póker, para tomar desprevenido al adversario, para engañarlo con recursos inesperados.

El lenguaje de la ciencia es el lenguaje de la verdad. El de la vida y de la literatura es el lenguaje de la mentira.

Como aquellos oficiales de carrera de *Cesar and Cleopatra* que se irritaban porque los chacareros italianos les ganaban batallas contra todas las leyes del arte militar, los gramáticos se fastidian cuando ven a escritores que se imponen sin la menor responsabilidad gramatical.

¿Lápida para Pascal o lápida para Valéry? «Et qui, ayant changé sa neuve lampe contre une vieille, se perd à coudre des papier dans ses poches, quand c'était l'heure de donner à la France la gloire du calcul de l'infini...» (Valéry).

Marxismo. Benedetto Croce se pregunta en qué sentido es verdadero el enunciado general de que la historia es lucha de clases. Responde:

1.° Cuando existen las clases.
2.° Cuando tienen intereses antagónicos.
3.° Cuando tienen conciencia de este antagonismo.

O sea que la historia es lucha de clases sólo cuando es lucha de clases.

Nuestras opiniones cambian. Croce era en 1898 un marxista convencido y terminó siendo un idealista del extremo opuesto.

Quizá el espíritu de cada uno realiza aceleradamente el proceso espiritual de la humanidad entera. Quizá se deba pasar –también en lo que a las ideas se refiere– por los estadios de ameba, batracio y mamífero. Desde luego, esta evolución no es fatal ni compulsiva: muchos permanecen toda la vida, orgullosamente, en la categoría de ameba o batracio. Acusando de inconsecuentes a los mamíferos que los observan en su mesa de disección.

Escribir lo necesario. No es que me repugne lo extenso: me repugna lo extendido, que no es lo mismo.

De Leibniz a Poe. Para Leibniz no existen en el Universo hechos brutos ni casualidades: todo tiene su *raison d'être*, y si muchas veces no la alcanzamos es porque nos parecemos a Dios pero no lo suficiente. De todos modos, el ideal del conocimiento humano es el de ir reduciendo la masa caótica de las verdades de hecho al orden divino de las verdades de razón. Los físicos, que encajan el tumultuoso movimiento de una catarata en una fórmula matemática, realizan en la tierra ese ideal leibniziano; el día en que los hombres puedan calcular un odio o deducir un crimen, Leibniz por fin respirará tranquilo. Mientras tanto, algunos escritores policiales tratan de calmarlo.

Edgar Poe, aficionado a las ciencias físico-matemáticas, inventó de golpe y en toda su perfección el género policial estricto. Procede así: mediante una hipótesis, trata de hacer coherentes un conjunto enigmático de *hechos:* un guante ensangrentado, un cadáver, una impresión digital, un cigarrillo a medio fumar, una sonrisa; esa hipótesis debe *explicar* el crimen mediante los hechos restantes, del mismo modo como un físico explica el estallido de una estrella merced a las presiones, temperaturas y masas. Este ejercicio es estrictamente racional y aseado. Como corresponde a un temperamento platónico, el caballero Auguste Dupin no es propenso a andar por los tejados, ni a disfrazarse, ni a manejar el revólver: simplemente construye cadenas de silogismos. Su criminal podría –y tal vez debería– ser designado por el símbolo 22akM-gamma.

¿NOVELAS POLICIALES? Solamente en el caso en que el acento esté colocado sobre el *juego*, el *artificio*, el *pasatiempo*. Hace bien Graham Greene en calificar a sus novelas policiales de *entertainments*. Pero no veo razón –fuera de razones comerciales– para que se califiquen de policiales a novelas como *El cartero llama dos veces*. En tal caso ¿por qué no calificar también de policial a *Crimen y castigo*?

SOBRE LA PRESUNTA JERARQUÍA DEL GÉNERO POLICIAL. En general, *nadie* lo toma en serio: ni el literato que lo fabrica –por algo se pone seudónimo– ni el editor que lo industrializa, ni el lector que lo consume. Con razón esta literatura la leen los negociantes cansados que viajan en avión.

En la novela corriente, el acento está colocado sobre la verdad, sobre el drama, sobre lo humano; en la narración policial (estricta), está puesto sobre el *juego*, sobre el artificio. La investigación del enigma es un *pasatiempo*, y tiene ni más ni menos jerarquía que un problema de ajedrez o una ingeniosa charada. Por eso no hay en este tipo de literatura drama auténtico, aunque abunde lo más dramático de la vida, que es la muerte. Los personajes parecen disfrazados o actores que, en cuanto terminen con su trabajo del día, irán juntos –criminales y detectives– a tomar una copa al bar más cercano.

Ahora bien: muchos autores se resisten a admitir esta jerarquía subalterna y entonces nos señalan la riqueza psicológica de tal novela o la excelente descripción de un poniente en tal otra.

Ninguna de esas instituciones académicas que cuidan la pureza del género tolera la inclusión de un elemento que al final no tenga su exacta posición en el rompecabecas; destinada a confundir al lector, sería condenado como un deshonesto recurso. Así, ningún autor respetable incluirá un guante con manchas de sangre o un hermoso paisaje que no tengan que ver con el crimen. Es cierto que el guante ensangrentado es más grosero y que ni siquiera tiene el mérito literario del paisaje. Pero *lógicamente,* ambos constituyen elementos ajenos, y ¿por qué ha de ser repudiable un guante gratuito y no lo ha de ser un paisaje igualmente gratuito, aunque sea hermoso? ¿Estamos tratando de descubrir un crimen o de extasiarnos ante la belleza universal? A menos que ese poniente tenga su *raison d'être* –en el sentido leibniziano de la expresión–, no hay argumento alguno que permita tolerar semejante contingencia. Aparte de que una buena descripción de la naturaleza puede ser tan despistadora para el lector como un guante ensangrentado, en cuyo caso es de una deshonestidad ya directamente vergonzosa. En una narración policial estricta *todos y cada uno* de los elementos que aparecen deben tener una rigurosa y determinada relación con el enigma que se investiga: desde la forma de una carpeta de mesa hasta un bello poniente. Como este grandioso programa es utópico, toda novela policial es fatalmente imperfecta.

De acuerdo. Pero al menos que sus autores no nos vengan a invocar sus imperfecciones como muestra de su jerarquía literaria. Qué diablos.

ACERCA DE LOS BRILLANTES DETECTIVES. El género policial estricto, desde sus orígenes, buscó la originalidad y la sorpresa. Una de las paradojas que inauguró fue la de prescindir de la policía; quiero decir, la de reemplazar un cuerpo profesional atacado de perenne idiotez por brillantes aficionados que descubren los enigmas más intrincados entre dos estudios de arte chino o dos partidas de bridge. Así comenzaron a desfilar *maîtres* retirados, como Hermes Theocopullos; rentistas melómanos y einstenianos, como Philo Vance; caballeros geniales, como Sherlock Holmes. Que yo sepa, la reducción al absurdo de esta raza fue lograda por dos escritores argentinos –Jorge Luis Borges y Adolfo Bioy Casares–, al inventar a don Isidro Parodi, detective aficionado que resuelve las charadas criminales encerrado en su celda de la Penitenciaría Nacional. Parodi resulta así la réplica exacta del astrónomo puro Leverrier, que enclaustrado en su cuarto de matemático, mediante el *razonamiento puro,* descubre un nuevo planeta.

La raíz de este fenómeno debe buscarse en la esencia racionalista y leibniziana del género policial estricto. No habría sido verosímil encomendar los complicados procesos lógicos a un cuerpo tan reconocidamente tonto como el cuerpo policial, que si bien ha producido campeones de box no ha dado jamás un filósofo de cierto renombre. Nada impide, en cambio, que esos sagaces detectives se encuentren fuera, entre rentistas refinados o profesores de ciencias. Estos aficionados deben estar dotados de una genial lucidez, apta para distinguir la trama racional debajo del confuso caos de la realidad, las *vérités de raison* debajo de las *vérités de fait.* De modo que hasta don Isidro, con su matecito azul y su cucheta, resulta un modesto simulacro de Dios leibniziano: encerrado entre las cuatro paredes de su celda, realiza una discreta y suburbana versión de la *characterística universalis.*

Pero el género nació de la noble necesidad de racionalizar y *asombrar,* lo que lo impulsa a una constante renovación de recetas. Y así como al comienzo el criminal era el individuo menos sospechoso y luego fue menester abandonar esa ingenua variante porque no puede asombrar más que una sola vez; del mismo modo se trató de inyectar una curiosa originalidad haciendo que los crímenes los descubra la policía: el bondadoso comisario Maigret, de Simenon, o el inspector Buhle, de Peyrou. Claro que ya no es el torpe funcionario de antes sino un policía que sólo es concebible después del género policial, después de este viaje de ida y vuelta hasta el reino de la logística. Este detective de Peyrou no golpea ni tortura: es tranquilo y eficaz; y ha traído del amateurismo esa singular propensión a la cultura filosófica que llega significativamente hasta la admiración por Leibniz.

De este modo, al final de su excéntrico periplo, la narración policial se acerca a la realidad, ya que, al fin de cuentas, nunca se ha visto que un crimen verdadero haya sido descubierto por un golfista o un crítico de arte; mal o bien -generalmente mal, generalmente no en forma tan científica como quería Poe, generalmente con una mezcla de razonamientos y tumefacciones que acercan el género más a la física que a la matemática pura- es siempre la policía quien descubre los crímenes. No me parece malo que de vez en cuando también los novelistas policiales reconozcan este moderado hecho.

QUÉ ES EL LENGUAJE POÉTICO. Mairena, en su clase de Retórica y Poética:

-Señor Pérez, salga usted a la pizarra y escriba: «Los eventos consuetudinarios que acontecen en la rúa».

El alumno escribe lo que se le dicta.

-Vaya usted poniendo eso en lenguaje poético.

El alumno, después de meditar, escribe: «Lo que pasa en la calle».

Mairena:

-No está mal.

RIQUEZA DE VOCABULARIO. Un poema del señor Domenchina:

> Mi corporeidad -mínima y acicular- es apta.
> Su tensión esotérica a la adiaforia capta,
> a la emoción impulsa y al entusiasmo rapta.

EXPRESIONES DE LAS QUE USTED, JOVEN ESCRITOR, DEBE HUIR COMO DE LA PESTE. La alegría *reinaba* en su rostro, el dolor estaba *pintado* en su cara, el rubor *coloreaba* sus mejillas, su boca era *encantadora, respiraba* honradez.

La tea de la discordia, la voz del honor, la hidra de la anarquía, el Sol del Progreso, el campo de las conjeturas, el arsenal de las leyes, la balanza de la justicia, la aurora de las libertades, las tinieblas de la ignorancia, la espada de la Ley, la tiranía de las pasiones, la moderna Babilonia, una verdadera Torre de Babel, la pérfida Albión, el Oso Moscovita, el Tío Sam.

Redoblar sus transportes, abrir su corazón, sentir un nudo en la garganta, ponérsele los pelos de punta, aspirar embelesado, impresionar gratamente, sembrar cizaña.

La madre naturaleza, el rey de los astros, el astro rey, la luna plateada, los pétalos aterciopelados, el vistoso colorido, el jardín engalanado.

El conflicto bélico, el carro de Marte, la nueva tesitura internacional.

Un fino ensayista, un fino poeta, un espíritu ático.

EL ARTISTA Y LA FEMINIDAD REPRIMIDA. Según Jung llevamos en nuestro inconsciente, más o menos reprimido, el sexo contrario. Si esta teoría es cierta, las creaciones más vinculadas a la inconsciencia, como la poesía y el arte, serían expresión de su feminidad. Y, en efecto, ¿qué más femenino que el arte, aunque (o *porque)* sea realizado por hombres? El artista sería así una combinación de la conciencia y razón del hombre con la inconsciencia y la intuición de la mujer.

Si en esa combinación predomina la inconsciencia el arte es romántico. Si predomina la consciencia, es clásico.

Lo romántico es así lo femenino, lo irracional, lo ondulado y misterioso. Lo clásico es, en cambio, lo masculino, lo racional, lo rectilíneo, lo explicable.

ESCISIÓN MASCULINA DE LA REALIDAD. En el hombre el sexo es un apéndice, no sólo desde el punto de vista anatómico sino también fisiológica y psicológicamente: está hacia fuera, hacia el mundo, es centrífugo. En la mujer está hacia dentro, hacia el seno mismo de la especie, hacia el misterio primordial. En el hombre el semen sale, es proyectado hacia fuera, como su pensamiento hacia el Universo; en la mujer, entra. Esa proyección masculina implica separación, escisión, desvinculación del hombre respecto a su simiente. En la mujer, al contrario, implica unión, fusión.

Cuando el acto carnal termina para el hombre, para la hembra comienza. En cierto modo, la mujer es *toda* sexo.

Por eso, tal vez, y como lo sostiene Jung, a pesar de ser la mujer una criatura esencialmente erótica, para ella la relación sexual tiene menos importancia que la anímica; en tanto que los hombres tienden a confundir *eros* con sexualidad y creen *poseer* a la mujer cuando la poseen sexualmente, siendo que en ningún momento la poseen menos, pues para ella sólo importa de veras la posesión erótica, es decir anímica, sentimental. *Eros* es, en suma, «relación entre almas», y es el principio supremo de la mujer, así como el *logos,* «interés por las cosas», es el principio supremo de la masculinidad.

Como consecuencia de su caracterología sexual, centrífuga, el hombre tiende a crear *otra* realidad, que se añade a la natural: la realidad cultural, con su técnica y sus ideas, con su ciencia y su filosofía, con su arte y su literatura. En tanto que la mujer tenderá a reunificar la realidad escindida por el macho, volviendo lo cultural al seno materno, es decir, al seno de la naturaleza primordial y eterna, humanizando y animizando las cosas inertes, la técnica y los productos del arte y de la ciencia, *psicologizando* todo. Para la mujer las ideas puras no existen y no tienen sentido, son casi un juego descabellado, prolongación de la insensatez infantil. Y si las tolera, si las escucha y hasta si las admira es en virtud de su maternal ternura por los seres (los hombres) que quiere y que es capaz de admirar hasta en sus actos de demencia.

Excepto cuando advierte que esos misteriosos sistemas de ideas confieren un misterioso poder a los hombres. Pues entonces actúan sobre ella las dos fuerzas, siempre admiradas, del misterio y del poder. En esos instantes cumbres se suele ver a las mujeres, perplejas, extáticas como ante un ídolo, boquiabiertas, musitando frases como: «Y yo que lo creía un loco...». Es, tal vez, la frase que ha de haber pronunciado la señora de Cristóbal Colón.

DEFECTOS DE LA MUJER. Dice La Rochefoucauld que los defectos nacen de la exageración de las virtudes. Las virtudes de la mujer son su altruismo por la especie, su capacidad de sacrificio personal por los hijos y los hombres bajo su cuidado. Por eso mismo su mundo es concreto y pequeño, personal, vital. Pero de ahí a las pequeñeces y, lo que es peor, a la pequeñez hay un paso; y al egoísmo de hormiga, al comadreo, al chismorreo pequeño, a los celos viscerales.

El hombre también se equivoca, pero al menos se equivoca haciendo una guerra mundial o un sistema filosófico.

SEXO Y DOMINIO. Adler y Freud no son tan independientes como ellos mismos pretenden, ni como podría parecer a primera vista. No es una casualidad que Adler haya sido engendrado por Freud: sexo y dominio son el anverso y el reverso de la misma realidad.

Cuando un hombre entra en una mujer, lo hace como un conquistador en un país enemigo y exclama «eres mía»; así como el conquistador clava –con una simbología freudiana– una pica o una espada en el territorio que acaba de invadir. Esta bivalencia es constante y podría construirse toda una doctrina erótica de la conquista territorial, así como la posesión física de la mujer podría ser vista como una posesión territorial de ese animal sediento de poder que es el macho. Ha habido individuos en los que el sexo se transmutó casi íntegramente en ansia de poderío geográfico, como Napoleón. Y tanto en el coronel Lawrence como en Malraux, el combate militar y político está vinculado a una especie de parasexualismo. En toda la novelística de Malraux, la posesión carnal aparece unida al combate físico. Muchos críticos han señalado (cf. G. Picon, C. Mauriac) la preeminencia que en él tiene el amor físico con relación a la violencia, a la tortura, a la angustia metafísica y a la muerte. Buena parte de sus personajes viven obsesionados por la impotencia. El orgullo del sexo no es únicamente la manifestación de su masculinidad personal sino el de la especie entera, que habla por él. Para Malraux, *Les liaisons dangereuses* es «una mitología de la voluntad» y sus personajes no tienen sino cartas de dos colores: vanidad y deseo; una «mezcla permanente de voluntad y sexo es su más poderoso medio de acción».

SOLEDAD Y COMUNICACIÓN. El Yo aspira a comunicarse con otro Yo, con alguien igualmente libre, con una conciencia similar a la suya. Sólo de esa manera puede escapar a la soledad y a la locura.

De todos los intentos, el más poderoso es el del amor. Pero es inútil que lo haga con un robot, o con una prostituta que convierte el amor en sexo mecánico, o con una mujer que obedezca a poderes magnéticos: en cualquiera de esos casos sólo logrará satisfacer sus necesidades sexuales. El cuerpo de los demás es un *objeto* y mientras el contacto se realice con el solo cuerpo no existirá sino una forma del onanismo. Solamente mediante la plena relación con un *sujeto* (cuerpo y alma), podremos salir de nosotros mismos, trascender nuestra soledad y lograr la comunicación. Por eso el sexo puro es triste, ya que nos deja en la soledad inicial, con el agravante del intento frustrado. Berdiaeff sostiene que el instinto sexual tiene un elemento demoníaco y destructivo, pues nos arroja en el mundo puramente objetivo, donde la comunicación no es posible y la soledad definitiva. De ahí que el erotismo exclusivamente sexual aparezca tan frecuentemente unido a la violencia, al sadismo y a la muerte. No pudiendo llegar a la otra subjetividad, no pudiendo satisfacer su ansia de comunión espiritual, el hombre se venga inconscientemente, desgarrando y odiando.

Se llega así a la paradoja de que la única forma de escapar a la subjetividad total es mediante lo más extremadamente subjetivo que existe: no la razón (que es objetiva) sino la emoción; no mediante la ciencia y las ideas puras sino mediante el amor y el arte. Así se alcanzan esos *universales concretos* que establecen puentes entre los sujetos.

TRASCENDENCIA E INMANENCIA. En la mujer se entra, todo converge hacia ella, hacia su misterioso interior, pasivo y terrestre. El sexo es casi su esencia, pues no sólo abarca un desmesurado espacio sino que su tiempo vivo tiene o tendría –en condiciones biológicas normales– que estar ocupado casi íntegramente por el sexo y sus consecuencias. En tanto que en el macho el sexo casi no tiene importancia y únicamente la adquiere, aunque en intenso grado, en momentos de su existencia. De manera que cuando para el hombre termina el acto, para la mujer empieza. Apenas consumado, el hombre es libre, mientras que la mujer queda encadenada al acto que acaba de realizar, primero de una serie misteriosa y profunda que han de sobrevenirle; para los cuales se recoge en sí misma, se vuelve hacia el centro de su útero, que también es el centro de su existencia, busca la calma y la serenidad, la conservación de lo suyo, de su hogar –materialización externa de la matriz–, como lo prueban hasta los más oscuros símbolos oníricos. Y así, mientras ella se encierra en su casa, el macho se lanza a la aventura, a la conquista de otras realidades físicas o espirituales. El hombre se trasciende constantemente, en tanto que la mujer se encierra en su inmanencia.

Podemos pensar el mismo problema desde otra perspectiva: el hombre tiende al dinamismo, la mujer al estatismo. Siendo el espacio la dimensión estática y el tiempo la dimensión dinámica, podríamos afirmar que la mujer es espacial y el hombre temporal. No es asombroso, por lo tanto, que en todas las tradiciones y mitos la tierra, espacio por antonomasia, represente a la mujer: para los indios, la Tierra –*Prithivia*– es la madre del género humano; *Démeter* es a la vez la diosa madre y la personificación de la Tierra; en casi todas las mitologías se habla de «la madre Tierra». En la tierra acontece la reproducción de la vida en sus formas más primitivas y la simbología arcaica vincula siempre la fecundidad terrestre a la fecundidad de la hembra, así como vincula el arado al hombre que rasga a la mujer y la abre para la maternidad: arar la tierra es símbolo de cópula en los sueños y en los mitos.

LA OBSESIÓN DE LA MUERTE. Las religiones son algo así como sueños metafísicos y, por lo tanto, revelan las ansiedades más hondas del ser humano.

Del hecho de que las religiones prometen la vida de ultratumba debemos inferir, pues, que la obsesión de la muerte es la más profunda.

MUERTE Y CÓPULA. No debe atribuirse a un simple sentimiento de irresponsabilidad ni desenfreno la locura sexual que acomete a los hombres y mujeres durante las catástrofes, terremotos y guerras. También es significativo que el número de nacimientos aumente durante y después de los grandes cataclismos destructivos.

ACERCA DE LA IMPOSIBILIDAD DE TRADUCIR. No hay traducciones sino una teratológica multitud de inmigrantes, cuyos rostros, cuyos acentos, mantienen todavía el aire original, pero cuya manera de vestir y de hablar imita grotescamente la manera del país que los recibió. Tal como ese Raskólnikov que sabíamos leer hace muchos años en las versiones de Maucci, que parecía deambular -mejor dicho, discurrir- por la Puerta del Sol, rodeado de golfillos y señoritingos, murmurando palabras tan increíbles como *piscolabis* y *tentempié.*

Lo que es inevitable, porque la lengua viva de un pueblo está entrañablemente enlazada a su historia, a sus montañas, a sus árboles, a su tierra y a su cielo. Y las palabras tienen el color y el olor de la tierra en que se formaron. Raskólnikov toma té en su patria, pero su doble español toma un té con olor a chocolate. El lenguaje de la vida, equívoco, oblicuo e insinuante, está adherido al paisaje como una sonrisa al rostro que la sostiene. Trasladar un texto literario a otro idioma es empresa tan melancólicamente ineficaz como la de esos millonarios americanos que imaginan poder traerse los viejos fantasmas de un castillo escocés reconstruyendo el castillo en Wisconsin.

Las únicas traducciones rigurosamente posibles son las de la ciencia, porque sus expresiones son lógicas y sus palabras unívocas. La proposición «el calor dilata los cuerpos» puede ser trasladada a cualquier idioma sin que su espíritu pierda un ápice de su sentido.

En cambio, las traducciones literarias son una temblorosa tentativa de interpretar un mensaje de signos equívocos mediante otro conjunto de signos equívocos.

Así como una misma nota musical cobra distinto timbre en diferentes instrumentos, la misma palabra producirá distintas resonancias al pasar de una lengua a otra. Decimos *vaso* en francés, y al pronunciar *verre* ya está sonando su primera armónica: *vidrio,* y, como consecuencia, ya nos llegan lejanas resonancias de *fragilidad,* de *transparencia,* de *sonoridad.* Ninguna de estas armónicas superiores subsiste en castellano, mientras aparecen otras que confieren diferente timbre a la palabra traducida. La fidelidad a la nota fundamental habrá implicado así infidelidad a las resonancias, y a los sutiles estremecimientos que un buen escritor logra provocar con esas resonancias.

Esas armónicas pueden tener origen en la etimología, en la historia de un pueblo, en sus clásicos, en la psicología de sus gentes, en sus leyendas, en sus sangrientas luchas fratricidas: todo único e intransferible. La palabra *ceibo* no tiene las mismas sugerencias para un francés que para nosotros.

Más que nacional, el lenguaje es en última instancia individual. El formidable y casi desesperanzado problema del artista es el de trascender su subjetividad mediante sus voces, sus desesperados murmullos, sus equívocos signos. Y lo increíble es que lo logra.

ORLANDO TRADUCIDO POR BORGES. «El padre de Orlando, o quizá su abuelo, la había cercenado de los hombros de un vasto infiel.» Y más adelante: «Se volvió a Orlando y acto continuo le infirió el borrador de cierto memorable verso». Este «infirió» me suena a Borges. Busco el trozo correspondiente en inglés y leo, en efecto: «He turned to Orlando and presented her instantly with the rough draught of a certain famous line». Sí: «vasto infiel», «infirió el borrador», «memorable verso», todo eso es borgiano. Pero ¿habría sido deseable evitar el ingrediente borgiano en la traducción? Si para eludirlo se hubiese recurrido a un mediocre escritor, sólo se habrían reemplazado los acentos personales de valor por mediocres acentos de valor. Y no se comprende por qué habría de preferirse un sello individual a otro por el solo mérito de ser chato e insignificante.

La verdad es que la única versión fiel de Virginia Woolf podría ser realizada por Virginia Woolf. Del inglés al inglés.

GENEALOGÍA DE LA ETERNIDAD. Egipcios (hieratismo, geometrismo, abstracción de su arte) → Pitágoras (viajó por Egipto) → Platón (recibió la herencia pitagórica y órfica, eternidad = geometría = Ideas) → Cristianismo (a través de los platónicos).

LITERATOS. «La profesión de escritor tiene su lado penoso, que consiste en que el trabajo lo obliga a uno a mezclarse con una serie de literatos. Para guardar las apariencias, una o dos veces al año, hay que concurrir a una reunión y pasar varias horas en compañía de críticos, autores radiales y gente que lee libros. Todos ellos hablan una jerga que sólo pueden entender los literatos. Únicamente después de proceder a una purificación de fondo puede uno recobrarse y caminar con la cabeza en alto, como un ser humano» (E. Caldwell).

«Dios os libre, lectores, de chocar con un literato, con un genuino y estricto literato, con un profesional de las letras, con un ebanista de prosa barnizada. Será una de las mayores desgracias que pueda sobreveniros» (Unamuno).

SOBRE *EL TÚNEL*. Mientras escribía esta novela, arrastrado por sentimientos confusos e impulsos inconscientes, muchas veces me detenía perplejo a juzgar lo que estaba saliendo, tan distinto de lo que había previsto. Y, sobre todo, me intrigaba la creciente importancia que iban tomando los celos y el problema de la posesión física. Mi idea inicial era escribir un cuento, el relato de un pintor que se volvía loco al no poder comunicarse con nadie, ni siquiera con la mujer que parecía haberlo entendido a través de su pintura. Pero al seguir al personaje, me encontré con que se desviaba considerablemente de este tema metafísico para «descender» a problemas casi triviales de sexo, celos y crímenes. Esa derivación no me agradó nada y repetidas veces pensé abandonar un relato que se apartaba tan decididamente de lo que me había propuesto. Más tarde comprendí la raíz del fenómeno. Es que los seres de carne y hueso no pueden nunca representar las angustias metafísicas al estado de ideas puras: lo hacen siempre encarnando esas ideas, oscureciéndolas de sentimientos y pasiones. Los seres carnales son esencialmente misteriosos y se mueven a impulsos imprevisibles, aun para el mismo escritor que sirve de *intermediario* entre ese extraño mundo irreal pero verdadero de la ficción y el lector que sigue sus dramas. Las ideas metafísicas se convierten así en problemas psicológicos, la soledad metafísica se transforma en el aislamiento de un hombre concreto en una ciudad concreta, la desesperación metafísica se transforma en celos, y el cuento que parecía destinado a ilustrar un problema metafísico se convierte en una novela de pasión y de crimen. Castel trata de apoderarse de la realidad-mujer mediante el sexo. ¡Pero es tan vano ese empeño! Adopté la narración en primera persona, después de muchos ensayos, porque era la única técnica que me permitía dar la sensación de la realidad externa tal como la vemos cotidianamente, desde un corazón y una cabeza, *desde una subjetividad total.* De manera que el mundo externo apareciera al lector como al existente: como una imprecisa fantasmagoría que se escapa de entre nuestros dedos y razonamientos. (Y hay críticos que me han reprochado cierta imprecisión fantasmagórica en el mundo exterior a Castel.) Por fin, cuando el protagonista mata a su amante, realiza un último intento de apoderarse de ella, de fijarla para toda la eternidad.

SOBRE LA VIOLENCIA Y LA DISONANCIA. Cuando se comparan las últimas partituras de Mozart con las primeras, comprendemos el valor de la disonancia, su poder de perforación a través de los estratos de mera belleza para alcanzar la región metafísica. Es lo que, en mayor escala, ha pasado con la literatura de nuestro tiempo: Baudelaire, Rimbaud, Dostoyevski, Faulkner.

El *buen gusto* prescinde de la violencia, de la disonancia, del terror. Es lo menos que debe exigirse a los escritores mediocres (el buen gusto).

LA OBSESIÓN CENTRAL DE SARTRE. En toda su obra reinan dos obsesiones: la suciedad y la mirada; pero ambas derivan de una sola, poderosa y central: *el cuerpo.*

Sócrates y Sartre: los dos son feos, odian el cuerpo, detestan a la mujer, sienten repugnancia por lo blando y viscoso, por lo contingente y sensorial. Los dos ansían un mundo platónico. Para Sócrates, como para Sartre, la encarnación es la caída, el mal original. ¿Cuál es el sentido menos corporal, más «intelectual»? La vista. Por eso los dos condescienden a la vista. Desde aquellos griegos enemigos del cuerpo, la filosofía se hizo una pura «contemplación», desdeñando la carne y la

...iatura y la sangre. Hubo que esperar hasta nuestro ...po para que la carne y la sangre entraran en la filosofía, con el existencialismo y la fenomenología. Lo grave, lo paradojal para Sartre es que psicoanalíticamente es un platónico y conscientemente un existencialista. Tal vez esta paradoja explique muchas de sus contradicciones.

La vista, sin embargo (o por eso mismo), es para Sartre no meramente contemplativa sino activa: ordena la realidad, crea el mundo desde el caos, es demiúrgica. Con la vergüenza típica de los feos, concede a la mirada de los otros un poder sobrenatural: nos penetra, nos petrifica. Jamás un personaje de Sartre se dejará ver desnudo, o de atrás.

INSEGURIDAD Y CONQUISTA. La realidad que pasa fugaz e inasible ante nuestros ojos es como la prefiguración de la muerte. Ansiamos la eternidad, es decir el presente absoluto. Y de ahí nuestra obsesión por *fijar* todo, por cristalizarlo en el instante mismo en que va a morir.

El ciervo que huye ante el cazador es la imagen de la fugacidad que nos desespera. La actividad primera y fundamental del macho es la caza y tal vez su raíz metafísica sea la de luchar contra la relatividad y la muerte. La guerra, la conquista física o intelectual (territorios, geometrías, ideas filosóficas) son hipóstasis de esa primera actitud venatoria del macho. Don Juan y Napoleón no podrían ser sino personajes masculinos.

MISOGINIA Y MISODEMIA. En *La condición humana* Malraux habla de la misoginia fundamental de todos los hombres, de donde la violencia y el odio con que muchos de sus héroes se posesionan de la mujer. Es que en la posesión está ya latente la desesperación de lo transitorio, la sombría certeza de que todo ha de terminar y de que, al fin, no se habrá pasado de la superficie de «algo», de algo que jamás se podrá aprehender ni fijar, que se irá para siempre para dejarnos solos una vez más.

Cierto, pero para la clase de hombres que no aman. Ni Don Juan ama a las mujeres que conquista, ni Napoleón ama a las naciones que una tras otra van cayendo entre sus garras de solitario.

Dice Malraux sobre D. H. Lawrence: «Un gran sabor de soledad acompaña a esos personajes de Lawrence. Para ese predicador del coito el *otro* apenas cuenta». Pero yo me pregunto si para él cuenta mucho más. La mayor parte de sus héroes persiguen la posesión de la mujer por la posesión misma, del mismo modo que luchan por la lucha misma, como en el caso del coronel Lawrence. Son individuos *solitarios* al estado puro, onanistas en el sentido filosófico del vocablo, seres que luchan contra la angustia de su soledad y buscan el amor físico y en el combate una forma de escapar a la prisión de su cuerpo y de su espíritu. Pero no se escapa a la soledad cuando no ansiamos la descendencia, y así como esos personajes de Malraux se entregan al amor estéril, así combaten con preservativo. Ambos piensan que la victoria de las masas envilece los ideales, así como el amor platónico de los adolescentes cree ensuciarse en la encarnación, lo que en parte es cierto pero al menos es *humano,* mientras que la negativa adolescente a la impureza, a la relatividad, a la suciedad es inhumana y suicida, y en el fondo egoísta y cobarde. Es fácil guardar la pureza rehuyendo la vida en el instante mismo en que va a empezar a mancharnos. La grandeza de la Antígona de Anouilh es cómoda y en cierta manera de mala fe; mientras la de Creón, la del hombre que acepta vivir y ensuciarse, es infinitamente más trágica e imponente.

Lo grave es que muchos conservamos al adolescente-Antígona en lo más profundo de nuestra alma, mientras seguimos viviendo, como Creón. Así le pasa a Anouilh mismo, y ciertamente así le pasa a Malraux y al coronel Lawrence. Por eso son desesperados.

Los héroes de Malraux buscan en la posesión de la hembra la posesión de sí mismos, una culminación frenética del propio Yo, un ahondamiento, al máximo de potencia, de su propia subjetividad, una suerte de éxtasis solipsista. Estos grandes angustiados, que en el fondo odian o desprecian a la mujer, la usan apenas como un *instrumento,* así como usan a las masas comunistas o árabes o indochinas. Tanto Malraux como el coronel Lawrence encabezaron la rebelión de los débiles contra los fuertes, pero no hay que engañarse: sólo les interesa la lucha por la lucha misma, y me imagino que en muchas noches de reflexión se hayan preguntado *para qué,* puesto que en el fondo de su espíritu preveían que todo iría bien mientras durase la fraternidad del combate, esa especie de coito colectivo, pero que al terminar, sobre todo al terminar victoriosamente, todos los hombres se parecen un poco: comunistas o nacionalistas, árabes o turcos.

SOBRE LOS PROSTÍBULOS. En la prostitución se puede alcanzar el sexo al estado puro y, consecuentemente, el último grado de la desesperación. Los prostíbulos son siempre tristes.

LA INMORTALIDAD. Ansiamos oscuramente la inmortalidad. La mujer la encuentra en el hijo, que es la prolongación de su carne y de su alma, y por eso el sexo tiene para la mujer una trascendencia metafísica que no tiene para el hombre. Cuando termina la cópula, delante de la hembra está el hijo, delante del macho está *la nada;* de ahí que se lance a otras empresas que de algún modo lo perpetúen: el arte, la ciencia, la filosofía, la guerra, la aventura.

La cultura ha trastornado este esquema, pues generalmente la mujer prescinde del hijo. Pero me pregunto si las creaciones de la cultura que van contra un hecho tan profundo de nuestra esencia biológica no deben ser miradas con pavor. Desde este punto de vista, el anticonceptivo es el hecho cultural de mayor gravedad en la civilización de Occidente. Falta saber si en la síntesis de naturaleza y cultura, de mujer y de hombre, se deberá prescindir de este temible invento.

SOBRE LA NECESIDAD DEL LIBRE DIÁLOGO. La vida del espíritu es un diálogo, en el que la verdad va saliendo tortuosamente, a menudo con violencia, en una larga y complicada contraposición de opiniones.

Platón fue uno de los primeros en reconocerlo así, pero debemos convenir en que los interlocutores del eterno Sócrates –con muy brillantes excepciones– son más bien tontos y parecen puestos allí como esas figuras de tercer orden en los malos sainetes, con el único fin de permitir el lucimiento del *capocomico.* Aparte del hecho de que la dialéctica tiene una tendencia a degenerar, en manos de sofistas y charlatanes, sirviendo al fin para demostrar cualquier cosa: que lo blanco es negro y que el deudor es acreedor; que era exactamente lo que Strepsíades quería que el vago de su hijo aprendiese de Sócrates. No por nada la palabra dialéctica quedó tan desacreditada y terminó por servir para la demostración de cualquier clase de política, como la de sostener que la forma de preparar el Advenimiento de la Verdad es la mentira y la calumnia, y que la manera de instaurar una Sociedad Justa y Pacífica es la cárcel, los campos de concentración en Siberia y la policía secreta. Así como, en virtud de eso que se llama *coincidentia oppositorum,* pudo verse en la Alemania de 1933 cómo los stalinistas se aliaban a los hitleristas para apalear, dialécticamente unidos, pacíficos social-demócratas.

Diálogo, sí. Pero no sofístico ni catequístico, en los que siempre sale ganando el autor del libreto. Diálogo libre, herético, mal educado. Ya que al fin de cuentas la verdad tiene mucho que ver con la mala educación, puesto que la buena es atenerse a las normas consagradas. Razón por la cual los primeros filósofos griegos, que andaban recitando y bailando sus verdades por las calles y ferias, fueron a menudo tomados por locos y corridos a pedradas.

La educación y la ortodoxia son fuerzas tan sutiles y poderosas que constantemente asimilan esas travesuras, santificándolas y, por lo tanto, haciéndoles perder su energía juvenil; como esos padres que no descansan hasta ver aburguesados a sus hijos revolucionarios.

Este fenómeno de acomodación replantea eternamente la necesidad vivificante de la heterodoxia, con el paradójico resultado de que los que apoyan a los Galileos canonizados persiguen y llevan ante las nuevas inquisiciones a los nuevos Galileos que siempre aparecen por ahí. Este tema ha sido abundantemente expuesto y no vale la pena insistir. (Cf. *Los hermanos Karamázov.)*

TRADUCCIONES. Nunca comprendí por qué se sigue traduciendo *El mercader de Venecia,* que sugiere un falso aire de antigüedad, en lugar de *El comerciante de Venecia.* Lo que para Shakespeare era mercader, para nosotros es comerciante, ni más ni menos. Y no se olvide que es una obra de Shakespeare, no de Larreta.

CARNE Y ESPÍRITU. «Gracias al amor sentimos lo que de carne tiene el espíritu» (Unamuno).

DOSIS SOPORTABLE DE VERDAD. «¿Cuánta verdad soporta, de cuánta verdad es capaz un espíritu? Ésta fue siempre para mí la más precisa y valiosa medida... Toda conquista, todo paso adelante, en la senda del conocimiento, es fruto de un acto de valor, de dureza contra sí mismo, de propia depuración» (Nietzsche).

SOMOS MEJORES. Aloys Müller insulta a los pobres imbéciles que no ven la objetividad de los valores éticos y estéticos. Según esta doctrina, así como hemos progresado en la ciencia porque conocemos más verdades que en la época de Pitágoras, así hemos progresado moralmente por el descubrimiento de valores éticos que permanecían en la sombra. Según esta doctrina, la humanidad contemporánea tiene más jerarquía moral que la de los turcos de Mohamed II.

Ésta es la conclusión, creo, que se puede inferir de las afirmaciones de Aloys Müller. Yo no me río de esta conclusión y hasta es probable que la pueda compartir (con muchos *quizás* y *probablemente*). Lo que me hace reír es la actitud totalitaria de Aloys Müller y su temible desdén por los que no ven la Verdad Definitiva de su teoría sobre la superioridad moral de nuestro tiempo. Sospecho que llegaría hasta meter en campos de concentración a los descreyentes.

SOBRE UN RELATIVISMO OBJETIVO DE LA BELLEZA. Tesis de los objetivistas: si lo bello fuese algo totalmente subjetivo no se explicaría por *qué* todos los objetos no son bellos; ya que el sujeto encuentra bellos a algunos objetos y a otros no, hay que concluir que la belleza está, al menos parcialmente, en el objeto. En realidad, la mayor parte de las estéticas subjetivistas introducen de contrabando algún ingrediente objetivo, como Kant. Hay una vivencia de lo bello, pero lo bello no *es* una vivencia.

Todo esto es bastante aceptable, sobre todo si rectificamos un poco la última proposición, diciendo: lo bello no es *solamente* una vivencia. Lo que no me parece tan evidente es la conclusión. De esas proposiciones no juzgo lícito inferir que la belleza sea algo objetivo, como con énfasis y desdén hace Aloys Müller. Esa conclusión la extraen, en verdad, de un Sistema General de Valores.

Se repite un eterno problema: cuando lo estético es estudiado en forma autónoma, se desemboca en una suerte de psicologismo o, cuando menos, en cierto subjetivismo *parcial*. Pero cuando lo estético es analizado a la luz de una metafísica, como en el caso de Platón, su objetividad resulta como un «subproducto». Y mientras esté asegurada la vigencia del Sistema queda garantizada la objetividad de lo bello. Pero estos Sistemas Eternos tienen una característica: duran muy poco. Todos ellos aspiran a la Verdad Absoluta, pero la historia de la filosofía es la historia de los Sistemas, o sea la historia del Derrumbe de los Sistemas.

¿Por qué no ha de pasar ahora lo mismo con esta gente? En general, creo que el descubrimiento de los valores es un progreso real en la historia del pensamiento. No obstante, no veo claro que los valores éticos y estéticos puedan equipararse totalmente a los valores lógicos, en cuanto a la objetividad se refiere. La verdad puede aspirar a un género de objetividad que nunca podrán alcanzar ni la belleza ni la bondad: la suma de los ángulos de un triángulo euclideano siempre valdrá 180°, aunque nadie lo contemple.

En este caso el sujeto *nada* tiene que hacer, y la objetividad de esa afirmación es total y absoluta. ¿Se puede acaso decir algo parecido de una estatua o de una sonata? No, porque la belleza será siempre el resultado de una realidad *vista por un sujeto.* Hay, por cierto, un elemento objetivo, porque nos gusta *ese* paisaje o *aquella* sonata, pero la vivencia estética tiñe ese elemento objetivo de un color inevitablemente subjetivo. Podemos enunciar una verdad lógica de manera tal que cualquiera la entienda de idéntico modo, en forma universal: el enunciado sobre los ángulos puede ponerse en inglés o en alemán sin que por eso cambie en lo más mínimo la verdad que expresa. Nada de esta condición absoluta se observa en los valores éticos o estéticos. La contraprueba es el progreso científico, basado precisamente en la objetividad de los valores lógicos, en el acercamiento asintótico de tales valores a la verdad. ¿Quién ha podido demostrar que exista un progreso semejante en las artes o en la moral?

Hume realizó «la investigación analítica más madura y completa del siglo XVIII sobre lo bello», en opinión de Dilthey: es una *cualidad secundaria* de los cuerpos, en el sentido de Locke, es decir, algo simultáneamente *objetivo y subjetivo,* como el color. Sin un sujeto que sienta, no hay impresión estética; pero como no todo gusta, se debe reconocer la existencia de ciertas condiciones objetivas de la belleza: ciertas cualidades de color, de forma, de movimiento, de ritmo.

Aquí se podría argumentar lo inverso de lo afirmado por Müller: si la belleza fuese algo totalmente objetivo no se explicaría por qué un objeto que es bello para uno no es bello para todos. Esta relatividad del gusto estético ha constituido siempre la valla insuperable contra la que chocaron todas las tentativas absolutistas; las laboriosas disquisiciones de los filósofos durante veinticinco siglos se estrellaron contra *el hecho práctico* de este relativismo del gusto: basta la inevitable discusión –a veces violenta– de dos refinados *amateurs* delante de una tela para echar abajo el complicado andamiaje de los metafísicos de la belleza, desde Platón hasta el señor Müller.

Un «objetivismo relativo» explicaría muchos problemas, que de otro modo subsistirían como enigmas. Por ejemplo: ¿es superior la escultura griega a la egipcia?, ¿representa un progreso la aparición de la perspectiva y de la proporción en el Renacimiento? Si los valores estéticos fuesen tan objetivos como los lógicos, habría que responder por la afirmativa; del mismo modo que la dinámica de Galileo supera a la dinámica de Aristóteles. Pero al no ser posible responder afirmativamente a esos interrogantes, se prueba la relatividad, por lo menos parcial, de los valores estéticos.

En la obra del artista hay un *núcleo* objetivo de belleza, pero ese núcleo viene envuelto por ingredientes subjetivos e históricos, que tiene que ver con su sensibilidad, edad, gusto, época, ideas dominantes. Es esta envoltura histórico-subjetiva la que convierte el juicio estético en algo automáticamente relativo. Y es la objetividad del núcleo la que sin embargo asegura (cierta) universalidad a ese juicio, y hace que todo un sector o una época atribuya belleza a la obra del artista.

En el caso de un objeto natural, las envolturas también existen, aunque solamente del lado del espectador. Pero eso basta para que el juicio se relativice.

TERROR AL CAOS. Los Sistemas, como decía Peguy, son sistemas de tranquilidad, que amamos porque nos sentamos sobre ellos. Es una forma de vivir tranquilos, a cubierto de los peligros y asechanzas del Caos, de la oscuridad, del misterio, del más allá. Son bastiones contra la angustia que se levanta apenas asomamos un poco la cabeza a esa tierra pavorosa. Nos refugiamos en los Sistemas, en las Iglesias, en los Partidos, en las Ortodoxias, como chicos en las faldas de la madre. Son, en suma, manifestaciones de la cobardía.

El hombre libre, el herético, el solitario, tiene que estar poseído de un valor casi demencial.

LIMPIAR, ANTES DE SEGUIR ADELANTE. Ese Schopenhauer, defensor del hombre medieval y precientífico, ¿puede constituir una fuente de progreso? Según Nietzsche, el enciclopedismo no valoró justicieramente el aporte de la religión cristiana, ni el de las religiones asiáticas, y fue necesario el advenimiento de Schopenhauer para poner las cosas en su lugar. Sólo después de este reajuste, el espíritu inaugurado por Petrarca y continuado por Erasmo y Voltaire puede reanudar su marcha. O sea, sobre el valor progresista de la reacción.

EGOTISMO DEL HOMBRE. En el amor físico, el hombre va hacia fuera para volver hacia dentro, hacia el centro de su olímpica soledad. La mujer acepta el amor de fuera hacia dentro, para devolver hacia el exterior: amor maternal.

Cuando en la mujer termina la amante aparece la madre. Cuando en el hombre termina la cópula, ya se ha alejado hacia otros mundos: una teoría filosófica, un presunto ganador de la próxima carrera, un proyecto de fábrica.

MARGEN DE LA SOCIEDAD. Esa zona bastante grande de la sociedad, que nunca he sabido por qué se denomina «margen», cuando en verdad ocupa casi toda la página. Esa zona donde acontece la mayor parte de la literatura novelesca, además de la sección policial de los diarios, la política, el psicoanálisis u otros sucesos menores. Lo más decisivo de la sociedad.

PRESTIGIO DE LA OSCURIDAD. Al convertirse la ciencia, cada día más, en una misteriosa magia, aumenta proporcionalmente su prestigio. Einstein usufructúa una fama que nunca tuvo Galileo, pues en aquel tiempo la ciencia estaba todavía al alcance de las mentalidades comunes: el hacer caer dos piedras desde lo alto de una torre era un acontecimiento más apropiado para divertir a los estudiantes de Pisa que para dar renombre filosófico; y así, mientras las travesuras de Galileo eran motivo de jarana entre los muchachos, los profesores que repetían las enigmáticas frases de la Escolástica pasaban por gente profunda. Luego la ciencia fue evolucionando rápidamente hacia la abstracción, aumentando en forma correlativa su oscuridad y ganando el prestigio que antes el vulgo concedía a la magia, a la teología y a la metafísica. La fama se propagó en razón inversa de la comprensión, alcanzando su cumbre en Albert Einstein, el hombre que probablemente es más respetado en nuestro tiempo, por ser el menos comprendido.

Lo profundo es a menudo oscuro. Así, a causa de su profundidad, son oscuros problemas como el de Dios, la cuarta dimensión, el pecado, la esencia de la belleza. Por la misma causa suelen ser oscuros Platón, Aristóteles, Einstein o Heidegger. Pero la gente, con esa facultad que tiene de convertir un silogismo en un paralogismo, invierte la proposición y sale creyendo que todo lo oscuro es profundo. Que es una tontería, se prueba exhibiendo el examen de matemáticas de un mal alumno.

Todo esto parece una perogrullada, pero no lo es. Y numerosas famas se fundan en ese paralogismo. Ya Tácito dijo *(Hist.* I, 2) que «El espíritu humano tiende a creer con mejor voluntad las cosas oscuras». Verdad que saben y practican los políticos y demagogos desde el comienzo de los tiempos. Nadie puede dudar de que parte de la fama de Irigoyen fue debida a su lenguaje sibilino. Tampoco debe dudarse de que la fama de algunos escritores nuestros proviene de cierto irigoyenismo lingüístico, a favor del cual han adquirido fama de profundos.

De una vez por todas, pues, distingamos entre la expresión de la oscuridad y la oscuridad de expresión. Es cierto que hay problemas oscuros, como el de la existencia de Dios; mayor razón para expresar nítidamente en qué son oscuros.

El escándalo de la paradoja. «Al irrumpir lo eterno en nuestros pensamientos y en nuestros actos produce una especie de tormenta magnética que desconcierta todo el ejercicio del espíritu. Si el sistema es, según Hegel, la coronación y meta de toda ciencia de los productos espirituales, las revelaciones hechas al espíritu por la trascendencia sólo pueden expresarse en una forma, mezcla íntima de saber y de no-saber, provocación más que certidumbre. Así es, precisamente, la paradoja. Brota del punto de unión de la eternidad con la historicidad, de lo Infinito con lo finito, de la esperanza con la desesperación, de lo transracional con lo racional, de lo indecible con el lenguaje. Rompe insolentemente todas nuestras instalaciones en lo menos que humano: la inmanencia lógica, la indiferencia estética, el bienestar moral. La paradoja se impone por su autoridad abrupta. No se intente excusarla, disminuirla o esclarecerla. No hay, dice justamente Jean Wahl, más que una explicación legítima de la paradoja kierkegaardiana, que consiste en aprehender de una manera cada vez más profunda qué es paradoja. No deja ninguna razón a la duda, sino todo lo contrario, le tapa la boca. No solicita del espíritu movimiento gradual, progreso, sino un salto. Es afín del escándalo y del desafío.» (Mounier.)

Oposición. «No se permite la existencia de opositores al gobierno.» Noticia publicada en *Pravda*, el 3 de enero de 1950. Refiriéndose a Yugoslavia.

El racionalismo semita. Los antisemitas acusan a los judíos de infectar el mundo con su racionalismo y su abstracción pura. Nada más repugnante, en efecto, y más destructivo, que la filosofía de Parménides, Leibniz, Descartes y Hegel.

Grandeza y miseria del hombre. «Étant certain qu'à mesure que les hommes ont de lumière, ils trouvent grandeur et misère en l'homme. En un mot, l'homme connaît qu'il est misérable: il est donc misérable, puisqu'il l'est; mais il est bien grand, puisqu'il le connaît.»

Las lenguas hegemónicas. La ignorancia de que el lenguaje es un fenómeno histórico constituyó la fuerza de los académicos –ya que no siempre la fuerza proviene de la verdad.

En 1885, el académico Viennet se burlaba de palabras como *tender* y *wagon,* que pacientemente habrá tenido que aguantarse hasta su muerte, porque entraron a formar parte del vocabulario francés para dejar de ser utilizadas, probablemente, cuando todo el mundo viaje en avión o helicóptero y cuando los trenes estén en el museo de antigüedades, junto al hacha de piedra. Y entonces será una verdadera pena que el señor Viennet no viva, porque desde ese instante tales palabras entrarían a gustarle y hasta es posible que las recomendase con calor, con ese calor que ponen los académicos para defender las cosas frías.

La transfusión lingüística ha enriquecido constantemente la lengua de cada pueblo. Porque mientras algunos se levantan hasta constituir grandes imperios, otros descienden o desaparecen; y el lenguaje sigue fielmente esas vicisitudes del poder. No es casualidad que palabras como banca y bancarrota tengan origen italiano, porque en Italia nació el capitalismo moderno y desde allí se extendió a los pueblos menos desarrollados. En el *Diálogo de la lengua,* Valdés se inclina por la aceptación de muchas voces italianas, como dinar, entretener, discurso, discurrir, novela, novelas, cómodo, incómodo y martelo, que en su mayoría pertenecen hoy a nuestra lengua culta.

Sería interesante analizar la historia a través de la lingüística comparada, pues echaría luz sobre el poder político, espiritual y económico de un pueblo, así como sobre alguna de sus peculiaridades. Es significativo para el pueblo inglés, por ejemplo, que las palabras universalmente empleadas en los deportes sean inglesas; así como son francesas las del arte culinario, e italianas las del dominio musical, y que sean de origen gótico la mayor parte de los vocablos castellanos que se refieren a la guerra.

El profesor Oliver Asín acepta de buen grado ciertos galicismos ya impuestos, como libertino, coqueta o departamento; pero se irrita porque *ahora* la costumbre y la necesidad están imponiendo palabras como bar, club o tenis. Debo confesar que estas palabras no me producen el estremecimiento que parecen producir al profesor Oliver Asín: más bien me dejan tranquilo.

Un día España ejerció sobre el resto del mundo la hegemonía cultural y política. ¿Por qué no aceptar con dignidad la suerte inversa? Cervantes, que perteneció a una época de grandeza del imperio, era partidario de enriquecer el castellano y se pronunciaba contra «los que en la brevedad del lenguaje antiguo quieren que se acabe la abundancia de la lengua castellana». ¿Cómo no luchar hoy por una política semejante cuando nuestras naciones no marchan a la cabeza de la civilización?

Unamuno se pregunta de qué modo podría traducirse un texto de Hegel a la lengua de Fray Luis. Nuestros países han quedado muy rezagados en ciencia y filosofía, y no nos queda otro recurso que la asimilación del nuevo vocabulario inventado por los pensadores alemanes o ingleses, al mismo tiempo que asimilamos su contenido. A menos que prefiramos el estancamiento espiritual, no veo cómo ha de ser posible prescindir de palabras nuevas como vivencia, conductismo y endopatía. Me he encontrado con personas que se negaban rotundamente a escribir absolutidad; si no se deciden por la mudez, no veo cómo han de poder referirse a aquello que es contrario a la relatividad. Del mismo modo, la palabra *Vollständigkeit* debe ser inevitablemente traducida por *completidad,* que no figura en el diccionario, porque el diccionario no es *completo;* ya que entre sus numerosas virtudes no figura la premonitoria. Algunos puristas, asustados, proponen traducir *integridad,* sin advertir que el casticismo los echa en brazos de la impropiedad: un cine puede estar completo sin estar íntegro: bastará que a una de sus butacas le falte un simple tornillo.

Para su mayor gloria y prosperidad, otros pueblos no tienen esta pretensión. El alemán cuenta con unas noventa mil palabras provenientes del celta, del latín, del griego, del francés, del inglés, de las lenguas eslavas. Es cierto que tampoco allí faltaron los puristas enemigos del mestizaje. Pero también es cierto que sus mejores escritores –de Goethe para abajo– los tomaron en broma. Schiller les observó: «Ingeniosa idea la de ustedes: purificar la lengua de palabras extranjeras; pero, mis amigos, ¿cómo traducirían al alemán la palabra *pédant?*».

PERO ¿QUÉ ES LO QUE PROGRESA EN LAS LENGUAS? Pueblos que avanzan en su cultura enriquecen su lengua y transfunden sus adquisiciones a los pueblos rezagados. Esto parece significar que el idioma es susceptible de perfeccionamiento, no sólo de mera transformación.

Bally, empero, niega el progreso lingüístico. Me parece que en las discusiones de este problema no se ha observado un hecho capital: la existencia de un *doble lenguaje:* el de la ciencia y el de la vida. La confusión aumenta porque, en cierto modo, el lenguaje vital incluye al científico, ya que la ciencia es elaborada por hombres vivientes.

Planteado así el problema la respuesta es clara: es tan lícito hablar del progreso de la lengua científica y filosófica como del progreso de la ciencia y de la filosofía. En cambio, es tan absurdo sostener el progreso de la lengua vital como el progreso del arte. En la medida en que el lenguaje desborda del dominio del conocimiento, de la ciencia, para entrar en las misteriosas regiones de la emoción y del sentimiento, del arte, es tan equivocado afirmar un progreso del lenguaje como un progreso de las artes.

El progreso en el arte. La idea del progreso, nacida del racionalismo del siglo XVII, nos acostumbró a la ilusión de que marchábamos hacia un mundo cada vez mejor y más grande: el afamado *better and bigger.*

Esta doctrina surgió de una ingenua generalización: el hombre estaba subyugado por el incesante perfeccionamiento de la ciencia y de la técnica, e imaginó entonces que en todos los órdenes del espíritu debía suceder lo mismo. Pero si es fácil probar que una locomotora es más eficaz que una diligencia, no es tan fácil probar que nuestra pintura es superior a la del Renacimiento. Reducido a sus términos más sencillos, la creencia en el Progreso General consiste en suponer que un señor que viaja en colectivo es espiritualmente mejor que un griego que se desplaza en trirreme, lo que es bastante dudoso.

Lo mismo que pasa en el dominio de lo moral acontece en el dominio de las artes: nuestra geometría es indudablemente superior a la de los topógrafos egipcios, pero nuestra cultura no es mejor que la de ellos.

Sin embargo, para buena parte de la filosofía contemporánea, los valores éticos y estéticos son tan objetivos como los valores lógicos. En consecuencia, rechaza cualquier forma de relativismo sobre el arte o la moral, como parece que estamos fundamentando aquí.

Pero si los valores estéticos fueran objetivos podría encontrarse un progreso en el arte, en la medida en que las vivencias estéticas del hombre se acercasen más y más a esas normas absolutas. La existencia de un canon objetivo, y por lo tanto absoluto, permitiría juzgar en cada caso la jerarquía de una obra de arte de la misma manera que podemos demostrar la superioridad de la teoría einsteniana sobre la newtoniana.

No hay que confundir el mero cambio con el progreso. La aparición de la perspectiva geométrica en la pintura del Renacimiento, fenómeno vinculado a la aparición de la técnica en Occidente, ¿es un progreso o no? Es imposible dar una respuesta a esta cuestión si no está en posesión previa de una norma estética absoluta. Si por un momento suponemos, como suponía la doctrina de la imitación, que el arte debe imitar a la naturaleza, en ese caso es evidente que hay un progreso. Pero esta conclusión se derrumba automáticamente si se rechaza esa doctrina estética, como en efecto ha sido rechazada. Si se afirma que el verdadero arte debe huir de la simple naturaleza, si se sostiene que el arte es simbólico o mágico o superrealista, el célebre progreso de la perspectiva puede ser mirado como una lamentable equivocación.

Tales razones me inclinan a aceptar una validez relativa del arte, para una época, un lugar, una cultura: una *absolutidad relativa.* Quiero decir: dada una cultura, no cualquier cosa tiene valor estético. Y dentro de esa limitada zona espacio-temporal puede y tal vez debe hablarse de progreso, es lícito enseñar el arte y tiene un sentido la existencia de maestros.

Así, los egipcios esculpían sus grandes estatuas hieráticas no porque fuesen incapaces de realismo, sino porque su metafísica, su *ethos,* su sentido de la eternidad, les hacía desdeñar la realidad cotidiana. La prueba de que es así está en el realismo con que pintaban o esculpían a los peones o esclavos, a los seres jerárquicamente inferiores. Al pasarse a la civilización ateniense de Pericles, mundana y escéptica, hay un acercamiento a la naturaleza, una revaloración del mundo profano que correlativamente produce una escultura realista.

Esto no es progreso: es sencillamente un desplazamiento del centro de gravedad en lo que al mundo cultural se refiere.

MASCULINIZACIÓN Y CRISIS. En *Hombres y engranajes* traté de demostrar que la civilización contemporánea se desarrolló a impulsos de dos fuerzas *dinámicas:* la razón y el dinero. Por ser dinámicas y por estar dirigidas a la *conquista* del mundo exterior, son dos manifestaciones masculinas.

El fundamento del mundo feudal era la *tierra;* por eso debemos considerarlo como una sociedad femenina; es estática, conservadora y espacial. En cambio, el fundamento de la civilización moderna es la *ciudad;* la sociedad resultante es dinámica, liberal y temporal. En este nuevo orden prevalece el tiempo sobre el espacio, porque la ciudad está dominada por el dinero y la razón, fuerzas móviles por excelencia.

La característica de la nueva sociedad es la *cantidad.* El mundo medieval era cualitativo: el tiempo no se medía, se vivía en términos de eternidad, y el tiempo era el natural de los pastores, del despertar y del descanso, del hambre y del comer, del amor y del crecimiento de los hijos; era un tiempo concreto y vital, hogareño, *femenino.* Tampoco se medía el espacio, y las dimensiones de las figuras en una ilustración no correspondían a las distancias ni a la perspectiva, sino a la jerarquía.

Cuando irrumpe la mentalidad moderna todo se cuantifica: aparecen los relojes mecánicos y el tiempo se convierte en una entidad abstracta y objetiva, *masculina;* y aparece el espacio matemático, el espacio objetivo tal cual es, masculino, no tal como el pequeño realismo hogareño de la mujer lo imagina, a base de subjetividad y mito, sino el espacio sin límites, para la gran aventura por mar y tierra, el espacio de los cartógrafos y navegantes. Relojes, mapas, geometría, balística, proporción y perspectiva en el arte, letras de cambio: todo configura el nacimiento de un mundo varonil, un mundo de *poder* y *abstracción.*

El dinero y la razón otorgaron el poder secular al hombre, no a pesar de la abstracción, sino gracias a ella. La idea de que el poder está unido a la fuerza física es creencia femenina, o en todo caso creencia de gentes sin imaginación masculina. Para ellos, una cachiporra es más eficaz que un logaritmo, un lingote de oro es más valioso que una letra de cambio. Difícilmente la mujer habría aceptado la creación de la banca y de sus instrumentos abstractos; no así nomás habría aceptado desprenderse de un lingote de oro en nombre de ningún documento escrito, de un mero papel. Esta clase de locuras son peculiarmente varoniles. La verdad es que el imperio del hombre se multiplicó desde el momento en que comenzó a reemplazar las cachiporras por los logaritmos y los lingotes de oro por las letras de cambio.

No debe sorprendernos que el capitalismo esté vinculado a la abstracción, porque no nace de la industria, sino del comercio; no del artesano, que es rutinario, realista y estático, que, en suma, pertenece a una mentalidad femenina, sino del mercader, aventurero, imaginativo y dinámico. *La industria produce cosas concretas,* mientras que *el comercio se limita a intercambiar.* Y el intercambio tiene en germen la abstracción, ya que es una especie de ejercicio metafórico que tiende a la identificación de entes distintos mediante el despojo de sus atributos concretos. El hombre que cambia una oveja por un saco de harina realiza un ejercicio abstracto: no importa que las necesidades físicas que lo llevan a ejercer ese intercambio sean concretas –hambre, sed, necesidad de procrear–; lo decisivo es que ese intercambio es posible merced a un acto de abstracción, a una especie de igualación matemática entre una oveja y un saco de harina, en que ambos objetos se cambian, no a pesar de sus diferencias, sino precisamente por ellas.

Siempre el cambio lleva a la identificación y por ella a la abstracción. Tal vez la facilidad del pueblo judío para moverse en el mundo de las abstracciones –tiene más matemáticos que pintores– puede haberse originado en su forzada y constante migración, en su obligada tendencia urbana y comercial.

Con el dinero y la razón el hombre de Occidente realizó la conquista del mundo entero, empresa típicamente viril, constituyéndose así la sociedad contemporánea, en cuyo anverso está el capitalismo y en cuyo reverso domina la ciencia positiva y matemática. Ambos productos viriles, ambos separados –trágicamente– de la realidad concreta del ser humano. Así hemos llegado a una tremenda dicotomía del hombre contemporáneo, a una absoluta deshumanización, pues mientras por un lado se ha erigido un universo de símbolos matemáticos, por el otro, y dominado por esos símbolos, el hombre de carne y hueso se ha ido convirtiendo en el hombre-cosa, hasta la humilde impotencia del héroe kafkiano.

No debe asombrar, pues, que la crisis de nuestro tiempo sea simultáneamente una crisis del sexo y de sus instituciones. La mujer, subyugada durante varios siglos, humillada y pospuesta, resentida, se ha querido sublevar mediante los movimientos feministas; sin advertir que de ese modo hacía una concesión más, siniestra y paradojal, a esta civilización de machos. Porque ¿qué es el feminismo sino masculinismo?

La masculinización de la mujer trajo un desequilibrio de la vida erótica, que se manifiesta en una neurosis colectiva y en una crisis del matrimonio. La enorme mayoría de los matrimonios ciudadanos son infelices.

Entre el matrimonio medieval, en que la mujer era la sierva del hombre pero en realidad el centro del mundo, y el matrimonio contemporáneo en que, bajo las apariencias de su liberación, está verdaderamente esclavizada a la condición viril, se ha ido metiendo una potentísima cuña, a medida que la civilización de la razón y el dinero fue desarrollándose. Y el matrimonio estalla. Es hora de preguntarse qué ha de reemplazarlo o qué cambios materiales y espirituales habrá de experimentar en la sociedad futura.

La civilización moderna virilizó a la mujer, falsificando, con graves consecuencias psíquicas, la esencia de su ser, esa esencia biológica que ninguna comunidad ni cultura puede impunemente alterar. Si es que la radical crisis de nuestro tiempo ha de ser superada, habrá que retornar a una mujer femenina, pero eso implica, a su vez, que el hombre ha de realizar una síntesis de las antítesis que ha provocado. Deberemos volver a lo concreto sin desdeñar la abstracción, habrá que integrar la lógica y la vida, el objeto con el sujeto, la esencia con la existencia. En otras palabras: habrá que crear una sociedad que respete la unidad hombre-mujer, en vez de escindirla en beneficio del hombre platónicamente puro.

GAMOCENTRISMO. Todo el movimiento romántico, con sus últimas estribaciones del existencialismo, como rebelión contra una sociedad abstracta y racionalizada, es un impulso hacia la mujer, un impulso *gamocéntrico*.

El esquema de la crisis contemporánea podría ser el siguiente:

Comunidad medieval (NOSOTROS) → individualismo mercantil del renacimiento (YO) → ciencia y capitalismo, objetivos y abstractos (ESO) → rebelión romántica y existencialista, concreta y femenina (YO) → síntesis fenomenológica, hacia una nueva comunidad femenino-masculina (NOSOTROS).

LA MUJER Y EL HOMBRE EN LA CREACIÓN. El hombre es esquizoide, no se contenta en general con *esta* realidad: busca o se construye otras, se lanza a la exploración de tierras desconocidas y de mundos misteriosos, descubre América y los espacios de *n* dimensiones, el universo de Platón y el de los objetos ideales, de Meinong. La creación y el descubrimiento representan a la vez la grandeza prometeica, la intrepidez del macho, y su esencial ansiedad, su interminable descontento, su trágica soledad.

La mujer, comúnmente, no necesita más que lo que tiene dentro: lleva el mundo y la humanidad entera en su propio seno. No es que sea incapaz de creación abstracta: *es que vitalmente no le interesa.* Los hombres se matan por ideas, y eso es casi un acto de locura; las mujeres se matan por cosas concretas, o por ideas que de alguna manera se vinculen a cosas concretas.

No son causas históricas, pues, las que hacen que la mujer no figure con más frecuencia en la historia de las creaciones. Aunque influyan, no son la causa decisiva y profunda. Al fin de cuentas nadie prohibió nunca a la mujer la especulación filosófica, ni la música, ni el dibujo.

Es que por debajo de las formas históricas hay radicales condiciones biológicas y metafísicas que apartan a la mujer de la creación y del descubrimiento. Y si produce en el arte o en la ciencia, es en aquellos órdenes que están enlazados a su esencia profunda, a su cuerpo, a su subjetividad: la danza, la interpretación teatral, la interpretación musical, la novela de pasiones (sobre todo autobiográficas), las memorias, los diarios; todo aquello que tiende a la imitación, la representación y la conservación.

Por otra parte, el arte es precisamente la creación del espíritu humano que más cerca se halla de lo femenino, porque en él no se ha producido esa escisión entre los diferentes elementos de la realidad, que se da en la ciencia o en la filosofía; lo concreto y lo abstracto, lo irracional y lo racional, permanecen indiferenciados. El artista es el hombre que más se aproxima a la unidad y, como tal, es un extraño monstruo, mitad hombre y mitad mujer, que tiene de aquél su capacidad para trascender la pura subjetividad, a la búsqueda de otros mundos, y de la mujer su tendencia a la unidad, a la permanencia en el magma primordial. La superación de la crisis ha de implicar, a la vez, una *vuelta a la mujer y al arte.*

EL HOMBRE Y LA BESTIA. «Il est dangereux de trop faire voir à l'homme combien il est égal aux bêtes, sans lui montrer sa grandeur. Il est encore dangereux de lui trop faire voir sa grandeur sans sa bassesse. Il est plus dangereux de lui laisser ignorer l'un et l'autre. Mais il est très avantageux de lui représenter l'un et l'autre.»

«S'il se vante, je l'abaisse; s'il s'abaisse, je le vante; et le contredis toujours, jusqu'à ce qu'il comprenne qu'il est un monstre incompréhensible.»

PSICOLOGÍA JUDÍA. Bien mirado, un planteo lógico debe ser claro y directo, lo más claro y directo que sea posible: *A* es *A*. Mientras que un judío preferirá decir, casi siempre: «¿Por qué *A* no ha de ser *A*?». Y si además expresa esa frase de viva voz, quizá se encoja de hombros, como descartando su responsabilidad en el asunto –ya que nunca se sabe cómo puede empezar una persecución–. Ingredientes ajenos a la verdad lógica, que tiñen, deforman y retuercen el pensamiento. El judío tortura la lógica: la presenta de atrás, desde abajo, en diagonal o más probablemente, según algún complicado arabesco.

¿Puede esta peculiaridad presentarse como prueba de una mentalidad racionalista? Por el contrario, creo que manifiesta un frenético irracionalismo, una preeminencia de la psicología y aun de la psicopatología sobre el pensamiento lógico. Lo que no tiene por qué llamarnos la atención, ya que dos mil años de persecuciones desarrollan la aptitud psicológica de cualquiera. El judío vive espiando las reacciones de cada una de las personas o colectividades que lo rodean, como un delicadísimo sismógrafo que registra hasta las más sutiles trepidaciones que preceden a los grandes terremotos. Y esa constante gimnasia le ha conferido una habilidad, una fineza, una penetración que sólo se encuentran en aquellos no-judíos dotados por circunstancias de excepción: enfermedad, tara, genio, sentimientos de inferioridad. En cuanto a su retorcimiento psicológico, es quizá también un subproducto del temor, de un espíritu cauteloso a fuerza de escapar a reiterados peligros. Raramente un judío nos responderá con una afirmación clara a lo que le preguntamos; casi siempre preferirá hacerlo con otra pregunta que, como tal, no compromete y en todo caso permite averiguar qué es lo que pensamos nosotros.

Compárese la literatura de un Valéry con la de un Proust, y se verá hasta qué punto está más cerca del racionalismo abstracto Valéry. Los caracteres que se acaban de señalar se advierten en seguida en Proust, no sólo en la manera de mirar la realidad, sino hasta en la forma técnica de describirla: en los largos y complejos párrafos, en los complicados y numerosos paréntesis que atenúan o aclaran o diversifican una afirmación anterior en las retorcidas acotaciones, en las infinitas armónicas que acompañan a la nota fundamental, como en un complejo instrumento musical.

No pretendo caer en una sistematización al revés adjudicando a los judíos los atributos inversos a los señalados por Sartre. No sostengo que la pasión racionalista sea ajena al alma judaica –bastaría citar a Julien Benda–. Simplemente me limito a mostrar los peligros de una sistematización en un problema tan laberíntico.

El universo como obra de un loco. Los sistemas filosóficos, las teorías científicas, las máquinas, la organización, corresponderían a sus momentos de lucidez. Las guerras, los cataclismos, las pestes, los asesinatos, serían engendrados en sus momentos de locura.

Ventajas de la incomprensión. Correcta observación de Van Wyck Brooks: «¿No es acaso un hecho que los novelistas en general triunfan merced a sus irritaciones e indignaciones? Hawthorne triunfó en el polvo y en el viento de Salem. Flaubert, Stendhal, Sinclair Lewis y Dreiser son otros ejemplos para el caso. ¿Y no demuestran las primeras novelas de

Henry James que también a él se le puede aplicar esta regla? Mientras trataba con norteamericanos nativos, que siempre le incomodaban, todo le salía bien. Inglaterra le gustaba demasiado y a eso se debió su fatuidad posterior... Las gentes demasiado buenas o cultivadas lo arrullan a uno insensiblemente en una especie de fatuidad. Se entra en un paraíso de necios. Salvo en muy pequeñas dosis, "la buena sociedad" no es propicia para los escritores. Puesto que necesitan ser incomprendidos, requieren algo áspero en la atmósfera que los rodea... Los niños tienen tanto derecho a la incomprensión como a la comprensión. Lo mismo ocurre con los escritores y artistas, y éste es uno de los motivos por el que Inglaterra ha sido tan fértil en genios».

Como se ve, no tenemos ninguna excusa en este país.

ENSAYO Y NOVELA. Lo diurno y lo nocturno.

FEMENINO-MASCULINO. Los dos principios coexisten en cada ser humano.

Femenino: noche, caos, inconsciencia, cuerpo, curva, blando, vida, misterio, contradicción, indefinición, sentidos «corporales» –gusto, tacto–. Origen de lo barroco, lo romántico, lo existencial.

Masculino: día, orden, conciencia, razón, espíritu, recta, dureza, eternidad, lógica, definición, sentidos «intelectuales» –oído, vista–. Origen de lo clásico, lo esencial.

SILLA ABSOLUTA DEL LENGUAJE. Si dejamos de lado la lengua de la ciencia y nos referimos a la lengua de la vida, se plantean siempre los mismos interrogantes; ¿cuáles transformaciones deben ser aceptadas y cuáles no?; ¿qué normas han de juzgar una nueva palabra, un nuevo giro, una variante sintáctica?

Basta leer una obra como *Humanidad, nación, individuo,* de Otto Jespersen, para concluir que todos los criterios propuestos son rebatibles. Por distintas razones, encontramos que las normas gramaticales no pueden ser impuestas ni por el pueblo ni por los escritores, ni por la aristocracia de corte, ni por los periodistas, ni por los profesores. Quien desee conocer en detalle la insostenibilidad de los diferentes criterios, que lea esta obra... y comprenderá que tampoco resiste el criterio «energético» de Otto Jespersen. La clave tal vez resida en que la lengua es un complejo fenómeno realizado por todos –pueblo, corte, universidad, periodismo, literatura–, de manera que nadie puede regirlo por sí solo, siendo la resultante de fuerzas que actúan anárquica y simultáneamente.

Los gramáticos se pronuncian en general contra la anarquía, no queriendo ver que los únicos lenguajes que han dejado de ser anárquicos son los muertos. Américo Castro comunica que en Argentina «las capas inferiores de la ciudad están actuando anárquica y absurdamente sobre el idioma», e infiere «un reflejo de desequilibrio y perversión colectivos». Agradecemos al profesor español este interesante diagnóstico, pero le preguntamos cuándo un pueblo ha actuado de manera distinta. No por cierto en España, donde el latín dio origen a productos tan curiosos como el gallego y el catalán, mucho más absurdamente alejados de la lengua madre que el argentino del castellano.

Otros gramáticos echan mano de «los buenos autores», como norma. Lo que habitualmente resulta un hermoso círculo vicioso, ya que para Américo Castro, supongo, un buen autor es un señor que escribe como Américo Castro. Además, es relativamente sencillo ponerse de acuerdo sobre la bondad de un escritor cuando han pasado cuatro siglos; pero para ese entonces, desdichadamente, ya hablamos y escribimos un lenguaje diferente, que no podemos valorar mediante las opiniones de un cadáver. Quedan entonces los autores vivientes, y Dios nos libre de que su jerarquía sea establecida por los autores de textos gramaticales.

Otros gramáticos nos declaran que en todo caso hay que atenerse al «buen uso», o sea, a la lengua de la gente educada.

Pero resulta que escritores educados, como Sarmiento, Lugones, Hernández, Güiraldes, dicen barbaridades como «recién llegó», «disiento con», «inmiscuyo», «pueblito» y «plan a desarrollar». Queda a los profesores el recurso heroico de negar buena educación a estos escritores, pero entonces nos colocamos una vez más en el terreno del más desaforado relativismo, pues ni el propio Bello podrá exhibirnos una Tabla de la Ley recibida por revelación.

Una ingenuidad emparentada con éstas es la de «la mejor lengua». Cada cierto tiempo nos suelen anunciar que el mejor inglés se habla en Oxford y el mejor español en Toledo, lo que implica algo así como un Origen Absoluto de Coordenadas semejante al que ansiosamente buscaban los físicos anteriores a Einstein. La ciudad de Toledo representaría la Silla Absoluta de la Lengua Castellana, y los pobres mortales que habitamos en otras partes del vasto imperio estaríamos condenados a farfullar dialectos más o menos monstruosos según nuestras respectivas distancias a la Silla y al Castellano Platónico sentado sobre Ella: incorruptible, perfecto, intemporal.

Pero con este absoluto pasa lo mismo que con el de los físicos: cuando se creía que era posible fijar el origen de coordenadas en el Sol, se encontraba que tampoco este astro gozaba de los beneficios del reposo absoluto, y había que ir más lejos, hasta otro astro, y luego hasta otra nebulosa, y así *ad infinitum.*

Lo único que puede decirse es que en Toledo se habla el mejor español toledano. Esta verdad es chiquitita, pero al menos es una verdad.

COMPLEJOS. El sexo, claro está, es la forma más primitiva y telúrica del poder. Y como constituye un atributo permanente del ser humano a través de cualquier tipo de sociedad, debe aparecer, de una manera o de otra, en dosis más o menos grandes, en todas las formas de neurosis. Pero nunca sola, porque el hombre no es un mero animal, sino un animal histórico y social. De modo que, intrincadamente mezclados a los complejos de Edipo o de Electra, han de surgir los complejos de Prometeo, de Creso, de Alejandro.

El complejo de Prometeo –tal vez de Fausto– produciría la neurosis metafísica en aquellos seres en que el sexo no basta, debido a que su objetivo está más allá del mundo físico.

Y así como, según Freud, un complejo sexual puede originar una novela, un complejo de Prometeo puede ser la causa de un sistema filosófico.

El arte en la sociedad totalitaria. Como melancólicamente murmura el escritor soviético Mijail Zoschenko, en uno de sus cuentos humorísticos: «Hablando en general, es más bien difícil ser escritor».

El conocimiento apasionado. Para Sócrates, ese sospechoso enemigo del cuerpo, el conocimiento, *todo conocimiento,* se alcanza por la razón: el cuerpo y sus pasiones nos enceguecen, nos enturbian, nos impiden alcanzar lo verdadero.

Éste ha sido el ideal de todos los racionalismos. Descartes trata de alcanzar las ideas claras y distintas mediante la eliminación de las emociones. Y Kant, ascético, misógino y protestante, ¿qué otra teoría podía elaborar sino una basada en el desdén por el cuerpo y la pasión?

Un examen de los sueños de Sócrates, Descartes y Kant sería uno de los espectáculos más apasionantes y menos aptos para menores que el psicoanálisis nos podría proporcionar.

Hubo que llegar hasta los románticos y Kierkegaard para que nos reivindicasen los sentimientos. El teólogo danés afirmó entonces: «La paradoja, esa pasión del pensamiento». Y también: «Las conclusiones de la pasión son las únicas dignas de fe, las únicas demostrativas».

En este instante los racionalistas se enojan y nos preguntan si la paradoja, o la pasión, o la fe, o el sentimiento tienen alguna autoridad en la demostración del teorema de Pitágoras.

Respuesta: en el dominio de los conocimientos matemáticos y científicos, es deseable la más completa objetividad, así como la más absoluta serenidad de espíritu. Habría que recomendar como el Dr. Johnson a uno de sus irritados interlocutores:

–Caballero, no levante la voz: mejore los argumentos.

No así en lo ético o en lo estético, donde el sujeto interviene en forma decisiva. Una estatua no es, en tanto que obra de arte, un objeto-en-sí, sino un objeto-para-nosotros. Su naturaleza es a la vez objetiva y subjetiva, pues aun admitiendo que los valores estéticos sean objetivos, su aprehensión se hace mediante una vivencia personal y emotiva, de donde la relatividad de los juicios estéticos.

En este dominio, no se puede siquiera imaginar el conocimiento desapasionado, puesto que la obra de arte no es jamás entendida mediante la razón, sino sentida gracias a la intuición emocional. La razón es ciega para los valores.

De tal manera que la disputa entre los que señalan la primacía de la razón y los que defienden la pasión es, simplemente, la disputa acerca de lo que en primer término debe interesar al hombre: las cosas o el ser humano.

SOBRE EL SOLIPSISMO. La verdad es que la razón sirve para bien poca cosa, ya que, como bien mostró el obispo Berkeley, ni siquiera es capaz de *demostrar* la existencia del mundo exterior. Como dijo Hume, sus argumentos no admiten la más mínima refutación, aunque no produzcan la más mínima convicción.

Sólo mediante una creencia –*belief*– podemos admitir la existencia de esta mesa, de este tintero, de aquel otro hombre. Y esa creencia nace desde nuestra infancia, porque las cosas exteriores, el mundo, se oponen a nuestras voluntades. Y nada más que por eso.

CÁNDIDA PRETENSIÓN DEL REALISMO. Es imposible transcribir la riqueza infinita de la realidad en una novela, una estatua o un drama. Precisamente, la obra de arte es el intento de dar, en forma finita, la infinita realidad.

IDEA FIJA EN EL CREADOR. Los más profundos novelistas y dramaturgos son los que están obsesionados por una sola obsesión –sería exagerado decir *idea*–. Ya sea el Bien y el Mal, o la Soledad, o el Amor, esa monomanía se debe a la profundidad de la obsesión, y ésta garantiza la profundidad de la creación.

TEMAS. No se debe elegir el tema de una novela o de un drama: es el tema quien lo elige a uno. No se debe escribir si un tema no acosa, persigue y presiona, a veces durante años, desde las más misteriosas regiones del ser.

INTRODUCTION A LA MÉTHODE DE PAUL VALÉRY. Uno empieza a leer *Léonard et les philosophes* y no puede dejar de admirar esa especie de majestuosa elegancia, de aristocrática, de desdeñosa *nonchalance*, para expresar las ideas; al mismo tiempo que un aire de precisión y de rigor en la expresión. Pero, en cuanto se deja de lado su prosa y se trata de averiguar lo que dice, se encuentra con que ese rigor y esa precisión son sobre todo sintácticos. Una frase como «el oro es un metal precioso» es clara, sintácticamente correcta, y además es verdadera; mientras que «el oro es un animal caudrúpedo», aunque sintácticamente rigurosa, no participa de la verdad. No basta con el rigor gramatical para inferir el rigor del conocimiento. Cosa perfectamente sabida por cualquier estudiante de filosofía, que no ignora la diferencia entre lógica y gnoseología, entre concordancia del concepto consigo mismo y concordancia del sujeto con el objeto.

La majestad y la elegancia de la prosa parecen obrar como un canto de sirena en los lectores de Valéry. Quizá se pueda decir, en descargo de este poeta, que no es una sirena consciente de la falacia de su canto: da siempre la impresión de que él también está convencido de lo que afirma.

Cuando escribió su *Introduction à la méthode de Léonard de Vinci* era un joven que no sabía nada del personaje. Lo confiesa el propio autor en su *Note et Digression,* escrita veinticinco años después, aunque la aclaración no era necesaria. Sería injusto juzgar su rigor filosófico, pues, sobre un ensayo que el propio Valéry considera una ligereza. Tomamos entonces el último de los tres estudios sobre Leonardo, la obra de su madurez. *Léonard et les philosophes.* Lo estudiamos, lo analizamos y encontramos que su sistema consiste en criticar la metafísica y en reemplazar, cada vez que le parece bien, la palabra «metafísica» por la palabra «filosofía», de acuerdo con el paralogismo siguiente:

> La metafísica es insostenible.
> La metafísica es filosofía.
> Luego, la filosofía es insostenible.

Dejando de lado el trabajo, escolar, de documentar este aserto, prefiero referirme a otro curioso aspecto de este ensayista: su repudio de la filosofía. Este repudio es, en efecto, bastante paradojal, ya que Valéry se pasa la mayor parte de su tiempo haciendo filosofía. Hasta de su *Zenón, cruel Zenón,* etc., puede decirse lo que se quiera desde el punto de vista de la poesía, pero sería injusto negar su ascendencia filosófica. En todos sus poemas abundan las afirmaciones metafísicas. Sus ensayos y su lenguaje, en fin, son acentuadamente filosóficos. ¿Qué extraño complejo lleva a este *amateur* de la filosofía a ejercer esa constante maledicencia sobre el propio objeto de sus meditaciones? Misterio.

Valéry ha recomendado tantas veces la claridad y el rigor –es un notorio admirador de Descartes–, que muchos han terminado por creer que él mismo practica esas virtudes. En el análisis de Leonardo, sin embargo, nos hallamos con que este exigente definidor de vocablos toma como sinónimo metafísica y filosofía y –lo que es más grave– después de señalar los defectos de la primera se los adjudica a la segunda, sustituyendo las palabras cada vez que le viene en ganas, sin siquiera hacerlo sistemáticamente.

Pero esto no es todo: su crítica a la metafísica es la de los positivistas y pragmatistas. Valéry es un espíritu seducido por el rigor, la nitidez y sobre todo la eficacia de las ciencias físico-matemáticas. Como Leonardo mismo –aunque en Leonardo se justifica, porque asiste a la aurora del conocimiento matemático–, representa la mentalidad burguesa del Renacimiento, arrobada por los valores de la Técnica frente a la ineficacia práctica de la Metafísica.

Los que confunden un libro de etiqueta social con un tratado de sociología, quizá se irriten por el calificativo de *burgués* aplicado a un hombre refinado y aristocrático como Valéry. Qué le vamos a hacer: no es posible erigir la confusión semántica en norma de investigación, aunque Valéry lo haga.

Aun admitiendo la crítica que los positivistas hacen a la metafísica –lo que es mucho admitir–, todavía quedarían a salvo aquellas partes de la filosofía como la lógica y la gnoseología. Al fin y al cabo, todo lo que han hecho los positivistas y afines es una fundamentación más rigurosa –según ellos– de esas dos ramas del conocimiento filosófico. ¿Quién se atrevería a afirmar, en todo caso, que Mach y Carnap no son filósofos?

Pero no terminan allí las fallas de Valéry: tampoco su actitud a lo largo de su ensayos es la de un positivista consecuente, pues a menudo su prosa y hasta su poesía está contaminada de metafísica, como cuando se refiere a «no sé qué formas objetivas», aludiendo, por lo visto, a un universo sospechosamente platónico.

Cierto es que lo hace con vaguedad, con esa vaguedad que constantemente diluye su prosa, a base de esos «no sé qué» y de esa especie de *sfumatura* de puntos suspensivos, tan curiosa en un propagandista de la precisión.

SOBRE EL PRESTIGIO DE CIERTAS LENGUAS. Federico II estudiaba *en francés* la metafísica de Christian Wolff, como esos granjeros norteamericanos que no comen sus propias espinacas hasta que vuelven envasadas desde Chicago. No era que fuese mejor estudiar a Wolff en francés –al fin y al cabo este señor había pensado y escrito en alemán–. Es que Francia constituía el país más poderoso y todos lo admiraban, empezando por los propios franceses, que en esta admiración siempre han precedido a los demás. Francia tenía los mejores castillos, las mejores mujeres, los vinos más exquisitos, la lengua más clara. Voltaire definía el genio de la lengua nacional como «una aptitud para decir de la manera más corta y armoniosa lo que las otras lenguas expresan menos felizmente».

Que esta opinión tenía un valor muy relativo lo prueba la afirmación de Shum, ex embajador de Sajonia en Berlín. Obligado tal vez por cortesanía a ejecutar la absurda traducción de Wolff, comentaba luego, despechado: «El alemán es mucho más propio para argumentaciones metafísicas y abstractas que el francés; es más rico en vocablos, menos expuesto a ambigüedades y, por consiguiente, es capaz de expresar todo pensamiento con mayor precisión, limpieza y vigor».

Inútil agregar que la opinión de Shum es tan provinciana como la de Voltaire, si pasamos por alto el hecho de que el provincianismo de Voltaire abarcaba por aquel entonces todo el planeta. Si un filósofo procede bárbaramente y acuña los vocablos que su lengua no tiene, cada vez que su pensamiento lo requiere –y siempre los filósofos han cometido esta clase de vandalismos–, no hay ninguna dificultad para expresar la menor sutileza. Esto no es una hipótesis, sino la tranquila constatación de un fenómeno histórico: jamás se ha dado un caso en que un filósofo se haya visto incapacitado de expresar sus ideas en su lengua nativa. Ni Kant tuvo tropiezos al poner su abstruso sistema en alemán, ni Aristóteles en griego, ni Santo Tomás en latín, ni Berkeley en inglés, ni Maimónides en árabe, ni Vico en italiano.

Lo que pasa es que en estos problemas lingüísticos se mezclan prejuicios de otro origen. Al nacionalismo francés comenzaba a oponerse el nacionalismo alemán, y las opiniones de Shum -aunque por aquel tiempo no tenían probabilidad de generalizarse- echaron las bases de los prejuicios que un día iban a dominar el mundo sobre la superioridad del alemán filosófico. Faltaban todavía los vastos tratados de metafísica y sobre todo, el poderoso ejército, las grandes industrias y los increíbles sabios. Cuando llegó esa época de esplendor, todos empezamos a estudiar el alemán y todos estábamos convencidos -con excepción, tal vez, de los franceses- de su rigor ejemplar, de su solidez sintáctica, de su riqueza; olvidando que hasta un poco antes de Kant había sido considerada como una lengua de bárbaros. Como en las pesadillas, tremendos esfuerzos apenas nos permitían levantar un pie y dar un insignificante paso, aplastados por la masa de sus declinaciones y su sintaxis. Pero más bien experimentábamos una especie de tortuoso placer, en medio del pavor, porque esa misma dificultad nos parecía estar garantizando la admirable complejidad del idioma, apto así para seguir las más sutiles complejidades del pensamiento. ¡Y qué satisfacción sentíamos cuando terminábamos la laboriosa fabricación de una frase! Nos retirábamos un poco para observar esa suerte de puente de acero que habíamos logrado levantar, en una inviolable arquitectura de tensas vigas, bulones y remaches. Habitualmente era una frase que en español modestamente significaba: «No he comido el dulce de leche que estaba sobre la mesa». ¡Pero qué admirable grandeza filosófica adquiría en el otro idioma! Hasta ese *nicht* que parecía clausurar con llave, para toda la eternidad, sin apelación posible, el problema del dulce de leche, ¡qué terminante era en alemán, qué preciso,

qué férreo! Acero y filosofía. Por una misteriosa asociación de impresiones, el idioma alemán quedaba respaldado por una gran industria pesada y una formidable metafísica.

De este modo, las razones que se invocan para probar la superioridad de una lengua son prejuicios, deseos y peticiones de principio. Y, en última instancia, están afectivamente determinadas por el orgullo nacional o por la tímida admiración que los pueblos chicos sienten por los grandes. Así, la complejidad de una sintaxis es alternativamente ensalzada o vituperada, según la posición que el país ocupe en ese momento de la historia universal. Cuando una multitud se arrodillaba delante de las declinaciones alemanas, se olvidaba que los ingleses, con una gramática infantil, crearon una literatura y una filosofía tan importante como las germánicas. Nosotros solemos enorgullecernos de la sutil diferencia entre *ser* y *estar*, sin advertir que a los más complicados escritores ingleses y franceses no les va tan mal sin ese precioso recurso.

Pero así como el común de las gentes sólo se emboba ante un cuadro después de haber investigado la firma, la mayor parte admira las peculiaridades lingüísticas de los grandes países, mientras las despreciaría de pertenecer a los senegaleses. ¿Qué se diría, por ejemplo, de una lengua en que las cuatro patas de un animal tuviesen diferente nombre? Muchos vacilarán, pero en cuanto sepan que es cosa germánica opinarán que es una muestra de riqueza expresiva. Una vez que se hayan despachado abundantemente, convendrá agregar que otra nación usufructúa esa ganga: está en el África Central.

Fenómenos como éste deberían hacernos cautelosos en materia de lenguaje, pero a cada rato volvemos a repetir los lugares comunes sobre el rigor sintáctico, la claridad, la precisión y las mil tonterías que forman un discurso académico en elogio de la lengua. Los cafres emplean un lenguaje cuando están entre hombres y otro cuando la conversación se realiza entre representantes de los dos sexos. Esta bárbara complica-

ción nos parecería la maravilla más ingeniosa si fuera atributo del francés.

El patrioterismo lingüístico. Puestas a la tarea de loarse a sí mismas, no hay nación que se quede corta: si son materialmente grandes, dirán que tienen el mejor ejército del mundo, la más gigantesca industria pesada, la mayor flota; si son pequeñas, ya se arreglarán para encontrarse inapreciables ventajas en la rapidez de sus ciclistas, en sus equipos de fútbol, en la exactitud de sus relojes.

El Hombre Medio, que es el pilar del nacionalismo, reemplaza su insignificancia con las glorias del país. Y así como viendo desfilar sus tanques se siente fuerte, se cree inteligentísimo porque es compatriota de Descartes.

El instrumento que emplea el Hombre Medio para construir este monumento de sus excelencias es la miopía, que él llama «la típica viveza criolla», «la clásica penetración del francés», «la profundidad alemana», «la aguda inteligencia judía» y «el tradicional realismo inglés». Ya sabemos que los individuos llamados realistas son aquellos que no ven más allá de sus narices, confundiendo la Realidad con un Círculo-De-Dos Metros-De-Diámetro con centro en su modesta cabeza. Estos personajes provincianos se ríen de lo que no pueden comprender y descreen de lo que está fuera de ese círculo. Con la típica astucia de los campesinos, rechazan a los locos que vienen con planes para descubrir América, pero compran el billete premiado en cuanto bajan a la ciudad.

Para estos realistas sólo es lógico lo que ven, y buena parte de sus orgullos se fundan en meras ignorancias o en la atribución de valor absoluto a simples relatividades.

El patrioterismo lingüístico no es mejor ni peor que el resto de los patrioterismos, y en todo caso participa de su condición esencial: la miopía sobre la relatividad de sus valores. Así, sostendrá que su lengua nacional es la más hermosa, la más rica, la más evolucionada, la más clara (sin advertir que

si le resulta la más clara es porque la oye desde que tomaba el pecho; también los perros alemanes obedecen rápidamente cualquier orden, y no porque la lengua alemana sea la más clara del mundo).

Habrá, sin embargo, quienes sostengan que sus opiniones se basan en *hechos*, ya que no se puede negar, por ejemplo, que el francés es una lengua lógica, o por lo menos más lógica que una lengua primitiva en que se profieran fenómenos como «gato animal dañino» y «Juan no loco». Y todos nos quedaremos impresionados, hasta enterarnos de que estos productos constituyen excelente ruso de Tolstoi o de Turguéniev.

Constantemente tendemos a considerar lógico lo que es simplemente psicológico. Lo familiar se convierte así en lo razonable, mecanismo mediante el cual al lapón le parece razonable ofrecer su mujer al huésped mientras que a nosotros nos parece más bien una locura.

Para advertir la ilogicidad se necesita perspectiva. A nosotros nos es muy difícil reparar hasta qué punto el castellano está plagado de modos que nada tienen que hacer con la lógica, pero esos absurdos saltan a la vista para el extraño que comienza su aprendizaje. Nadie de nosotros se sorprende cuando oímos conglomerados tan curiosos como «de vez en cuando»; pero nos choca por su barbarie una frase como: «Yo recuerdo no comentario hasta alguien sucedió señalar ello como el único caso él había encontrado en que tal una visitación había sucedido». Que no ha sido emitida en ningún manicomio, sino en un afortunado libro del estilista Henry James.

–Claro –comentará un francés–. Lo que usted menciona no tiene nada de asombroso, ya que el inglés es un idioma que tiene remotas concomitancias con la lógica. Usted ya conoce la secular incapacidad de los anglosajones para la lógica. Son gente empírica, en la política como en la lengua. Pero observe usted la nitidez, el rigor lógico de nuestro lenguaje.

Rivarol, en su acreditado discurso sobre la universalidad del idioma francés, afirmaba: «En vano las pasiones nos trastornan y nos incitan a seguir el orden de las sensaciones; la sintaxis francesa es incorruptible. De allí nace esa admirable claridad, base eterna de nuestra lengua».

A nosotros, que la vemos como bárbaros, no nos parece tanto, y ya entramos a dudar cuando tropezamos con expresiones tan llamativas como *qu'est-ce que c'est que ça,* que literalmente se debería traducir «qué es eso que eso es que eso» y que, modestamente, quiere decir «qué es eso».

SOBRE LA COMPENETRACIÓN DE LAS ALMAS. Profecía de Maeterlinck: «Vendrá un tiempo, no lejano, en que las almas han de compenetrarse sin el intermediario corporal». Un personaje de Mauriac recibe esta alentadora predicción de la mujer que ama en silencio y sin esperanzas.

DESVALORIZACIÓN DEL CUERPO. Esa lúgubre, hipócrita, espiritista, frase de Maeterlinck se remonta, a través de Emmanuel Kant, hasta los órficos: la vida terrenal es pena y tristeza, y únicamente por renuncia y purificación podemos escapar a esta prisión del alma que es el cuerpo, para volar hacia las estrellas. Lo que, aproximadamente, es el programa de ciertos vegetarianos, abstemios y espiritistas, además del conocido dramaturgo George Bernard Shaw*.

El desdén órfico transmigra a Sócrates y de Sócrates al cristianismo. Al secularizarse la religión, por un lado se produjo la trilogía Libertad-Igualdad-Fraternidad, y por el otro lado el Naturismo. Religiones laicas que también cuentan con sus fariseos y beatos. Al auténtico sentimiento de la caída siguió el convencionalismo, la hipocresía del cuerpo, constitu-

* Nunca he entendido bien por qué se ha de estar más cerca del Espíritu mediante la ingestión de lechuga.

yéndose dos órdenes: el del amor estrictamente carnal, de prostíbulo y pornografía, realizado en secreto por la sociedad deshumanizada; y el amor espiritual, estrictamente platónico. Ambas, abstracciones desgraciadas, puesto que el alma está unida al cuerpo como una expresión a un rostro.

SOLEDAD Y COMUNICACIÓN. Las almas no se pueden comunicar sino a través de los cuerpos. Intentar, como pretende Maeterlinck, la comunicación de dos almas puras es tan grotesco como pretender una amistad entre dos libros. Los pensamientos, las emociones, las sonrisas, los gestos, las palabras, las miradas que constituyen un alma humana, son, en definitiva, sutiles vibraciones de la carne.

BAUDELAIRE. El mismo deseo de limpieza que todos los grandes pecadores de la carne: su odio diurno a lo carnal es el reverso preciso de su tentación nocturna.

PENSAMIENTO Y NOVELA. Se afirma que el día es lo que somos y la noche lo que deseamos. Al revés: el día es lo que deseamos -y por lo tanto logramos- ser y la noche lo que verdaderamente somos.

En otras palabras: el día es la realidad, pero la noche es la superrealidad.

La novela es lo nocturno y, en consecuencia, lo que auténticamente somos. El pensamiento puro es lo diurno y, en consecuencia, lo que deseamos -y logramos- ser. El verdadero Dostoyevski no es el moralista de su Diario, sino el criminal de *Crimen y castigo.*

ALMA Y ESPÍRITU. El alma, entre la carne y el espíritu, ambigua y angustiada, dominada por las emociones del cuerpo y aspirando a la eternidad del espíritu, perpetuamente vacilando entre lo relativo y lo absoluto, entre lo mortal y lo inmortal. Pobre alma, realmente.

El alma es el individuo, el espíritu es la persona. O sea: lo inconsciente y el super-yo, la vida y el sacrificio de la vida, el pecado y la virtud, lo nocturno y lo diurno, lo diabólico y lo divino.

La novela es el alma, el pensamiento es el espíritu. Escribo novelas porque tengo alma, no solamente espíritu. Porque soy imperfecto.

El famoso equilibrio griego. Con los pueblos pasa como con los individuos: no siempre lo aparente es lo más representativo; o, mejor dicho, casi nunca lo es. Lo que *afirma* un hombre –o una cultura– es más bien la expresión de un deseo que de una realidad. Si Dostoyevski afirma que no se debe matar, es preferible creer que Dostoyevski es un criminal que lucha con sus instintos. Si Sócrates recomienda desconfiar del cuerpo, estemos ciertos de que Sócrates es un sensual que lucha desesperadamente con sus apetitos: sus opiniones sobre la superioridad de la razón constituyen el reverso de su personalidad profunda.

Toda cultura es el intento de dominar lo animal en el ser humano. De ahí que –como observa Jung– el desacuerdo consigo mismo sea una característica del hombre culto. La tradición nos presenta al pueblo griego como un pueblo olímpicamente equilibrado, pero basta leer *Las Bacantes* para advertir qué apócrifo y superficial es el famoso equilibrio. Y no es el pensamiento puro el que nos descubre la realidad profunda de un pueblo, sino el mito y la ficción.

El amor, el arte y la eternidad. Mediante el tiempo, el presente se convierte en pasado y los sueños del futuro en imperfectas y muertas realizaciones. La vida es lo relativo, ya que es lo temporal por excelencia.

El amor ansía lo absoluto, causa por la cual todos los grandes amores son trágicos y de alguna manera terminan con la muerte.

En Chéjov y en Anouilh, simplemente, cruel y melancólicamente, todo consiste en dejar pasar el tiempo. Frente a Orfeo y Eurídice que se enamoran, Anouilh coloca la pareja de la madre con su amante. La grotesca disonancia mide la relatividad de la vida.

¿Qué podría ser más siniestro, pues, que la inmortalidad? Lo inmortal es lo inverso de lo eterno. La eternidad es un presente absoluto: el tiempo no existe. El amor de Romeo y Julieta está eternizado en la obra de arte como en una estatua: para siempre será él mismo, inmune al Tiempo y a sus poderes trágicamente destructivos. La inmortalidad, por el contrario, es el paso del tiempo, la conversión del futuro en pasado, la impurificación y el horror.

En el éxtasis amoroso o religioso nos ponemos fuera del tiempo, convertimos el instante en absoluto. En ese momento teopático entramos en contacto con la eternidad, con lo que suele llamarse Dios.

Una de las raíces metafísicas de la obra de arte es la necesidad que el hombre tiene de eternizar: un amor, una ilusión, una niñez, un recuerdo. Proust intenta eternizar el pasado, el melancólico pasado que alguna vez fue futuro, es decir, *ilusión.*

El arte nace de la necesidad de expresar y comunicar; pero expresar y comunicar una añoranza de eternidad. Esto se ve bien en *La Náusea,* cuando el protagonista, angustiado por la contingencia, pretende refugiarse en la melodía –eterna– de un *blue.*

PLURALISMO. La Razón es unificadora, pero eso no implica que la realidad sea una: también el ejército uniformiza a sus soldados y, no obstante, los hombres son desiguales.

El pluralismo es el liberalismo en filosofía, así como el monismo es el totalitarismo: Platón, Hegel, Marx.

Los monistas se suelen cubrir de ridículo: en el momento en que Hegel acababa de demostrar que sólo podía haber siete planetas, se descubrió un octavo.

¡Hermosos tiempos, de todos modos! Tiempos de aprendices de totalitarismos. Hoy, el descubridor del planeta habría terminado en un campo de concentración.

FILOSOFÍA Y SEGURIDAD. Como el niño teme a la oscuridad, el hombre teme al Caos Universal. Su ansiosa actividad se puede esquematizar con estas transiciones:

De lo inestable a lo estable.
De lo individual a lo colectivo.
De lo subjetivo a lo objetivo.
De lo fugaz a lo intemporal.
De lo oscuro a lo claro.
De lo nocturno a lo diurno.
Del desorden al orden.
De lo irracional a lo racional.
De lo incomprensible a lo comprensible.
De lo psicológico a lo lógico.

Una vez allá, en el refugio de alta montaña, terminamos por añorar *la vida,* no obstante o por su suciedad y su desorden, y así volvemos del pensamiento puro a la vida y a la novela. El existencialismo es una vuelta al peligro y no debe extrañar que sus palabras más usuales sean *vértigo* y *angustia.*

DE LA RAZÓN AL ESPÍRITU. Un esquema de la transformación contemporánea:

RAZÓN	→	INSTINTO	→	ESPÍRITU
idea		sujeto		comunidad
Universo		individuo		persona

EL NOSOTROS. Para Sartre, como para Pascal, estamos embarcados como galeotes en el mismo barco que nos lleva a la muerte: nuestra comunidad no es más que una confraternidad de la desesperación.

Pero la realidad no parece ser tan horrible como la razón nos la presenta (pues es *la razón* la que habla por boca de Sartre): el amor, el equipo, la amistad, nos presentan otro tipo de comunidad. Frente a la soledad y a la desesperación, aparecen la comunicación y el amor, los trabajos en común, los sentimientos en común, la fe en la existencia. Y creemos en todo eso *porque es absurdo.*

ACCIÓN Y CONTEMPLACIÓN. El conocimiento para los griegos se obtiene mediante la contemplación; para los modernos, mediante la acción. Y ambas doctrinas conducen a extremos perniciosos: la cultura libresca, la deshumanización de la técnica. El hombre concreto es la unidad del espíritu contemplativo y ejecutivo. La nueva comunidad ha de levantarse sobre esa base.

SOBRE LA CRÍTICA. Hay dos tipos de crítica: si nuestro propósito era el de escribir un libro negro y alguien nos advierte manchas blancas, debemos oír con mucho cuidado la observación y tratar de enmendar la falta; pero si el señor se nos acerca para convencernos de la ventaja de escribir libros rojos o cuadriculados, hay que oírlo como quien oye llover.

Buena parte de la crítica es de este segundo género y consiste en explicarnos –muchas veces a gritos– lo que el crítico habría escrito en nuestro lugar. Pero como nunca podrá realizarse un experimento tan memorable y tan provechoso para las letras, y como, en caso de llevarse a cabo, todo se reduciría a un cambio de autor, mejor es ocuparse de otra cosa.

EL LENGUAJE DE LA LITERATURA ACTUAL. Michaux piensa que lo que siente es, en su mayor parte, incomunicable mediante palabras: «Las palabras son precisamente lo más imperfecto, lo más grosero, lo menos satisfactorio. Gesto, mímica, sonidos, líneas y colores: he ahí los medios primitivos, puros y directos de la expresión».

El poeta tiene necesidad de revitalizar el lenguaje gastado, primitivizándolo. Su problema central es transmitir sensaciones y emociones concretas e individuales con palabras que representan universales, con vocablos que han terminado por ser puras abstracciones. Y no se emociona a nadie con abstracciones. De ahí la constante recreación de un lenguaje ilógico, imaginativo y figurado. Joyce intentó crear un lenguaje al estado naciente, alterando las significaciones, forzando la sintaxis, recurriendo a la onomatopeya.

Pero, desgraciadamente, el lenguaje se desarrolla solicitado por dos fuerzas antagónicas: expresión individual y comunicación.

Al lenguaje abstracto de una época racionalista se opuso el lenguaje nocturno de los surrealistas. Pero a la disolución total que produce este impulso fatalmente termina por oponerse una nueva disciplina, pues aun en las creaciones más subjetivas se requiere un mínimo de poder comunicativo, sin el cual no hay, propiamente hablando, literatura. (Cf. *Les impostures de la poésie,* de Caillois, y los ensayos de Sartre.)

SOBRE LOS MITOS DE LA RETÓRICA. Decía Juan de Mairena en su clase de Retórica y Poética: «Cuando se ponga de moda el hablar claro ¡veremos!, como dicen en Aragón. Veremos lo que pasa cuando lo distinguido, lo aristocrático y lo verdaderamente hazañoso sea hacerse comprender de todo el mundo, sin decir demasiadas tonterías. Acaso veamos entonces que son muy pocos en el mundo los que pueden hablar, y menos todavía los que logran hacerse oír».

Y en otro momento: «Si tu pensamiento no es naturalmente oscuro, ¿para qué lo enturbias? Y si lo es, no pienses que pueda clarificarse con retórica. Así hablaba Heráclito a sus discípulos».

SENCILLEZ DEL LENGUAJE. A propósito de esos individuos que creían más elegante decir «capital del reino» que «París», comentaba Pascal: «Cuando uno se encuentra con un estilo natural, se queda asombrado y encantado: porque esperaba hallarse con un autor y se encuentra con un hombre». Pero «estilo natural» no equivale a «estilo espontáneo», ya que el lenguaje que surge espontáneamente es a menudo el más artificioso, debido a una subconsciencia idiotizada de mala literatura. La naturalidad y la sencillez son el resultado de un arduo trabajo de limpieza, y el propio Pascal es un ejemplo: el estilo de los *Provinciales*, que parece más natural, es más trabajado que el de los *Pensamientos*.

Sin embargo, no debemos concluir que el trabajo ha de producir *siempre* una expresión menos presuntuosa. Si un tonto habla, en general dirá una tontería: no hay que imaginar que machacando su idea inicial ha de lograr algún pensamiento ilustre; más bien se puede esperar que le agregue, le cuelgue, pegue, pintarrajee, una cantidad de adornos que ha visto por ahí. A ciertas personas, pues, habría que recomendarles no que retrabajen lo que escriben, sino, crudamente, que no escriban en absoluto.

Si el escritor sigue una estética equivocada, peor será cuanto más retrabaje, pues más se acercará a esos cánones calamitosos. Leo esta elaborada frase parlamentaria: «Este punto de vista ha aportado un nuevo factor a la situación que las esferas gubernamentales contemplarán desde ahora con más optimismo, pero la ingerencia de este nuevo avatar ha descartado las probabilidades y la precipitación de los acontecimientos ha ocasionado incertidumbres». Disparates como éste no son obra del azar sino de una idea tan difundida como equivocada de lo que es el «estilo literario».

Este fenómeno se produce en todas partes del mundo, pero debemos reconocer que en nuestros países alcanza sus monumentos más insignes. Una realidad pobre y llena de deficiencias tiende a ser enmascarada con artificios de toda índole y, en primer lugar, con los de la lengua, provocando así una especie de cantinflismo colectivo. Con la decadencia de España comenzó a ocultarse la ausencia de contenido con formas cada vez más rebuscadas y culteranas. Muchos de los hombres representativos sucumbieron a la tentación de reemplazar sus caras vacías con caretas que *representaban* la tragedia, la profundidad y la sabiduría. Ha de haber pocos países en el mundo en los que, como en los nuestros, el prestigio se fomente mediante trajes, palabras sibilinas, atributos de peluquería, empaque, solemnidad y títulos honoríficos. Todo esto es, sociológicamente, harto sabido y responde al mismo mecanismo que lleva a pintarrajearse a los hechiceros del África Central.

UN VIEJO MITO DE LA RETÓRICA. Es común pensar que un hecho puede ser expresado de dos maneras: una lisa y llana; otra «literaria», «artística», «poética». Las comillas son mías, naturalmente. La verdad es que esas dos formas deben ser calificadas, respectivamente, de *buena y mala literatura.* Lo que esos creyentes de la vieja retórica llaman expresión «artística» o «literaria» no es otra cosa, en efecto, que mala literatura. En nombre de esa doctrina se han cometido y recomendado las peores atrocidades: desde los *equinos* hasta las *precipitaciones pluviales.*

SOBRE EL VALOR DE LA METÁFORA. La más importante de las alhajas literarias era, ya para Aristóteles, la metáfora. El primero en advertir esta equivocación fue Gianbattista Vico, quien afirmó que la poesía y el lenguaje son esencialmente idénticos y que la metáfora, lejos de ser un recurso «literario», constituye el cuerpo principal de todas las lenguas. (Cf. *Scienza Nuova).* El hombre habla metafóricamente sin saberlo, más o menos como M. Jourdain hablaba en prosa. En los comienzos, las metáforas debieron de consistir en actos mudos o en actos con cuerpos que tuvieran alguna relación con las ideas que se querían expresar. También eran metáforas los jeroglíficos, los blasones y los emblemas. Hasta la propia palabra *figura* es ya una figura. Es imposible hablar o escribir sin metáforas y cuando parece que no lo hacemos es porque se han hecho familiares hasta el punto de hacerse invisibles: nadie advierte que nos expresamos figuradamente cuando decimos que «los años corren» o «el valle se inclina». Basta alterar apenas algunas de las metáforas más habituales para notar hasta qué punto son (eran) audaces: basta tomar la sosegada expresión «los árboles arrojan sombra» y transformarla en su equivalente lógico «los árboles nos tiran con sombra».

La lingüística contemporánea, confirmando la tesis de Vico, sostiene que la metáfora es consustancial del lenguaje y responde a un profundo instinto del hablante. Pero se equivoca, me parece, cuando sostiene que la metáfora es únicamente expresión de lo afectivo y subjetivo frente al lenguaje lógico u objetivo. La falacia reside en la identificación de *lógica* y *objetividad*. No ya la vida: ni siquiera el universo inerte es lógico, lo que no impide que sea objetivo.

Lo que hace inaplicable el lenguaje literal no es la objetividad sino la ilogicidad del universo. No es, pues, que el lenguaje vivo y metafórico sea un lenguaje puramente subjetivo sino que tiene una *objetividad que no es lógica.*

Por otra parte, si la doctrina de aquellos lingüistas fuera correcta, no se explicaría cómo el hombre puede usar el lenguaje metafórico para ponerse en contacto con el mundo objetivo. Debemos admitir que, al menos, ha de existir *algún* elemento de objetividad en la metáfora.

Creo que debemos distinguir entre *origen* y *esencia* del lenguaje. El primer campesino romano que empleó la metáfora *delirare* –salirse del surco– para aludir a un loco, estaba, sin duda, haciendo uso de su imaginación, pero no por eso hay que concluir que su metáfora es enteramente subjetiva, ya que eso equivaldría a datar la locura desde la invención del arado.

También se requiere imaginación para descubrir el espacio-tiempo y eso no significa que sea subjetivo.

Cualquier expresión se vuelve lenguaje en la medida –y sólo en la medida– en que es capaz de trascender el sujeto y convertirse en signo de comunicación. La creación o el descubrimiento de tales signos es obra de la imaginación: pero esa imaginación no es arbitraria sino que debe mostrarse apta para aprehender una realidad objetiva. De otro modo no se podría establecer la diferencia que existe entre Dante y un charlatán de la poesía, que amontona seudometáforas. De otro modo no se explicaría por qué los esquizofrénicos y paranoicos no son los mayores promotores del lenguaje.

La metáfora, aunque nacida de un impulso existencial psicológico, fantástico, tiene un valor ultra-subjetivo, es un intento de aprehensión de la realidad. La metáfora es valiosa precisamente porque no representa en forma literal al objeto, porque se aleja de él. Lo que significa que difere de él en cierto número de atributos, por debajo de los cuales señala *un núcleo* común, oculto bajo los atributos diferenciales. Y tanto más lejana es la metáfora, tanto más profundo y oculto es el núcleo común, de donde el poder que tiene el lenguaje metafórico de alcanzar grandes profundidades.

La metáfora es así una tentativa de identificar bajo la diversidad. Ya los griegos se plantearon la hipótesis de una sustancia permanente y primordial por debajo de las cosas: el fuego heracliteano es la metáfora del universo entero.

Si es así, la metáfora no tiene un valor meramente afectivo o psicológico, ni obra por deslumbramiento: aunque irracionalmente –o, mejor dicho, por su misma irracionalidad– alumbra los estratos más hondos de la realidad. Su valor no es psicológico sino existencial y ontológico. Lejos de ser el lenguaje de la fantasía, aunque sea provocado por ella y por la pasión que en todo ser humano alienta por el misterio, es el genuino lenguaje de la realidad y quizá la sola forma que permite superar el dilema de un lenguaje rígido frente a un mundo infinitamente diverso y a la vez infinitamente idéntico a sí mismo.

La metáfora no es el recurso de un lenguaje literario, ni tampoco es cierto que el lenguaje literario consista en la suma de una expresión desnuda más un ornato cualquiera. Por el contrario, consiste en expresar con estricta justeza un contenido que no puede ser expresado de otra manera. A menos que se prefiera llamar literario a lo falso y vacuo.

REALISMO EN LA FICCIÓN. Los seres ficticios y hasta los seres fantásticos deben ser descritos con «realismo», ya que sólo nos emociona lo que es real. Así procedieron Dante con sus condenados en el Infierno, Shakespeare con sus personajes históricos y Kafka con sus figuras de pesadilla.

MÁS SOBRE EL PODER DE LA DISONANCIA. En *Madame Bovary,* Flaubert monta la escena de la feria en tres planos simultáneos: en el más bajo, la muchedumbre avanza empujándose, mezclada con el ganado; en una plataforma, las autoridades emiten sus discursos conmemorativos; en el plano superior, Rodolfo reproduce pomposas frases de amor. Gracias a la simultaneidad de los mugidos, los discursos y el amor convencional, Flaubert logra un efecto devastador.

El método fue empleado luego en gran escala por Joyce y, en general, en toda la literatura contemporánea.

EL DESGASTE DE LA METÁFORA. El lenguaje vivo, constantemente solicitado por dos fuerzas que en cierto modo son antagónicas –una intelectual, de comprensión del universo y de comunicación; la otra psicológica, de expresión y dominio del interlocutor– se *renueva* sin cesar. Eso explica que las metáforas se desgasten, pierdan su vigor expresivo y de convicción –aunque sigan siendo verdaderas–. Y que lo que alguna vez fue brillante hallazgo hoy nos haga sonreír: el cieno del pecado.

ACERCA DE UN PLAN JUDAICO. Desde hace mucho tiempo los antisemitas nos vienen advirtiendo que los judíos proyectan la destrucción de la humanidad. Por el momento, y mientras se espera esa misteriosa empresa, el antisemitismo se dedica al trabajo inverso, único del que se tiene noticia efectiva.

GHETOS. Si los miembros de una comunidad se agrupan para defenderse, la actitud es obvia y natural. Pero si esa actitud la toma una colectividad judía, urgentemente los arios denunciamos «el espíritu cerrado e impenetrable de la raza». No solamente soñamos con apalear judíos: además exigimos que se dejen apalear por separado.

Es que el sadismo es tanto más placentero cuanto más indefensa es la víctima.

Pienso que el combate de Palestina debe de haber atenuado el antisemitismo de muchos antisemitas.

DIOSES Y DESIERTOS. Creo haber leído en *Los siete pilares* sobre el singular hecho de que las tres grandes religiones occidentales estén dominadas por dioses únicos y abstractos, producidos o descubiertos por gente del desierto.

¿No será que el desierto, con su indiferencia, con su falta de diversidad, es lo que en el universo físico más se acerca a la abstracción? Nótese que esos dioses dejan de ser abstractos en cuanto son adorados por los hombres habituados a la multiplicidad del campo o la ciudad, a la riqueza de la realidad: siembras, lluvias, cosechas, casamientos, hijos, combates, construcciones, dinero, lujo, pecado. Razón por la cual cada cierto tiempo debía venir algún profeta, desde el desierto, a amenazarlos.

EL SOCIALISMO, PRODUCTO BURGUÉS. «La emancipación de los trabajadores debe ser obra de los trabajadores mismos.» Este célebre y paradojal aforismo fue pronunciado por Karl Marx, que, nacido en el seno de una familia de la gran burguesía, dedicó toda su vida a la liberación de las clases proletarias.

Desde el conde de Saint-Simon hasta el rico y generoso industrial Federico Engels, pasando por el príncipe Kropotkin, los mejores revolucionarios socialistas no surgieron de las masas desposeídas sino de la burguesía y la aristocracia. Con raras excepciones, nunca han resultado los «hijos del pueblo»: casi siempre son resentidos que han llegado al movimiento revolucionario impulsados por sentimientos inferiores. Contra lo afirmado por Marx, la revolución no debería ser hecha por los que nada tienen que perder sino por los que nada tienen que ganar.

SOBRE EL CHAUVINISMO. Si un señor escribe de sí mismo: «He aquí un hombre cuyo nacimiento ha sido saludado con admiración por todos los habitantes del planeta, que jamás ha sido vencido, que ha luchado siempre con legendaria valentía y que ha demostrado para la eternidad el inigualado poder de su brazo y la firmeza de su alma», es claro que sería tomado por un enloquecido vanidoso a quien debe volverse la espalda con desprecio. Pero si esas palabras componen el himno de una nación, no sólo no son despreciables sino que deben ser escuchadas con el sombrero en la mano por los propios beneficiados.

¿Acaso no es el chauvinismo para la nación lo que la vanidad para el individuo? Nunca pude comprender por qué la vanidad ha de dejar de serlo cuando se la multiplica por varios millones; ni por qué una persona ha de ser censurada cuando afirma ser la más interesante del Universo y debe ser ensalzada la nación que canta semejante loa a sí misma.

Es que como todos somos vanidosos pero nos avergonzamos de serlo –sin por eso dejar de serlo–, aprovechamos ansiosamente la ocasión de darle salida anónima y colectiva.

QUÉ SE NECESITA PARA ESCRIBIR. Le preguntaron a Caldwell qué necesitaba para escribir:

–¿Estar acostado, como Dumas? ¿Papel amarillo, como Lafcadio Hearn? ¿Música, como Bacon?

–Lo que yo necesito –respondió Caldwell– es tener algo que decir.

MODESTIA DE LOS GRANDES ESPÍRITUS. Algunos ejemplos ilustres para la edificación de la juventud:

Stendhal: «¿Y esa espantable cantidad de YO y MÍ? Será suficiente para fastidiar al lector más benévolo. YO y MÍ sería, menos el talento, igual a M. de Chateaubriand, ese rey de los *egoístas*». «Aparte de mis otras bellas cualidades, yo tenía un orgullo insoportable.»

Schopenhauer, a propósito de *El mundo como voluntad:* «El metal de que tanto mi libro como yo estamos hechos no es metal frecuente en este planeta. Pero acabará por ser estimado en su justo valor y por ser consagrado una vez examinado». En sus cuadernos íntimos: «La importancia en mí del hombre inteligente destinado a la inmortalidad ha llegado a ser tan enormemente considerable en relación a lo que hay en mí, por el contrario, de individualidad perecedera, que muchas veces he olvidado los múltiples cuidados personales que me acuciaban, apenas un pensamiento filosófico empezaba a germinar en mi cerebro». En *Specilegia:* «Es utilísimo tener siempre vivo en el alma el desprecio que merecen los hombres en general y para ello conviene meditar constantemente sobre su insuficiencia intelectual y sobre su bajeza moral... Que nuestras palabras y actitudes den a entender continuamente a quienes nos rodean poco más o menos lo siguiente: no soy vuestro semejante y me repugna el comportarme como si en realidad creyese serlo». A Lichtenstein: «El valor y la importancia de mi obra son tales... que no me atrevo a expresar esta importancia tal como me siento inclinado a hacerlo, ¡pues es tan grande que nadie sería capaz de creer!». En una carta a Ascher: «Mi tormento es no poder conocer ni la mitad de lo que se escribe sobre mí».

Bernard Shaw: «Si mi comedia *Casa de viudas* no es mejor que las de Shakespeare, que desaparezca inmediatamente». «Desde Shakespeare que no aparecía un genio como yo en la literatura teatral. Pero él tenía defectos de que carezco.»

Weininger: «Creo con toda seguridad que mis fuerzas mentales son tan intensas que en cierto modo podría haber llegado a ser el solucionador de todos los problemas».

Habría que agregar a la lista algunas frases de Victor Hugo, Byron y otros personajes.

Por ejemplo ésta de Paracelso: «Todas las universidades poseen menos experiencia que mi barba. La pelusa de mi cogote es más letrada que todo mi auditorio». Refiriéndose a los profesores: «Ustedes tienen que seguir mis pisadas, ya que yo no he de seguir las de ustedes. Ninguno de ustedes ha de hallar un rincón lo bastante oculto que no vayan los perros y, levantando una pata, no los envilezcan. Yo llegaré a ser monarca, y mía será la monarquía sobre la cual he de reinar para que tengan que ceñirse los lomos. Todos ustedes van a tener que comer basura».

STENDHAL Y EL SEÑOR ALBALAT. En su difundido recetario *Le travail du style*, Antoine Albalat repudia el mito de Stendhal, ese charlatán plagado de repeticiones.

Probablemente –qué digo: con toda seguridad– las novelas del señor Albalat, anunciadas en el mismo libro –*L'impossible pardon*, *Une fleur des tombes*, etc.– están exentas de ese desagradable defecto.

LA FUERZA ESTILÍSTICA DE PASCAL. A pesar del reiterado trabajo, la prosa de Pascal muestra repeticiones y aparentes negligencias. Es que para él lo decisivo era el poder de convicción, el relieve y la fuerza; no la gris corrección gramatical ni estilística. Sus paradojas, sus antítesis, tienen tal vigor que alguien pudo decir: «Extiende un resorte y golpea en pleno rostro».

Enlaces de palabras. Lo que en un tiempo fue interesante hallazgo, hoy es pomposo lugar común: el cieno del pecado, las ardientes lágrimas, la luna plateada, la nieve de sus canas, los dientes como perlas, la boca como fresa, el arroyo cristalino. En estos casos, la originalidad consiste en volver a la expresión inicial, del mismo modo que la mejor forma de llamar la atención en un baile de fantasía es vistiendo de correcto negro.

Nada hay tan pasajero como lo que está a la moda, ni tan grotesco cuando ha pasado de moda. Nada hay tan perecedero como la novedad, puesto que nace de la necesidad psicológica de cambiar.

De modo que si verdaderamente deseamos ser originales, no seamos demasiado novedosos: casi siempre la originalidad consiste en volver a decir lo que dijeron Homero, Cicerón o Shakespeare.

Sencillez en el lenguaje. Todos los grandes escritores escriben con sencillez, pero a costa de grandes trabajos. Cicerón: «Hay un arte de parecer sin arte». La sencillez produce la impresión de que no ha costado nada: a todos nos parece que podremos escribir como Tolstoi o Stendhal en cuanto nos pongamos a hacerlo.

Sobre el presunto agotamiento de la novela. No se advierte que se ha hallado una nueva veta de lo novelesco, es decir de lo misterioso, de lo romántico: el enigma de la existencia.

Aparte de que bastaría el cambio de enfoque de la novela contemporánea –no hacia la naturalidad burguesa sino hacia la superrealidad– para producir toda una profunda literatura. Y es lo que sucede.

Los personajes y la realidad. Cuando Shakespeare toma héroes de la historia, los transforma en contemporáneos suyos. Única forma de no erigir monigotes que sólo existen en el papel. Al fin y al cabo, lo humano es eterno: el amor, la muerte y el destino. La mejor manera de hacer hablar a un personaje histórico como ser viviente es haciéndolo hablar como un ser viviente, es decir, como contemporáneo. Lo humano es anacrónico.

Shakespeare pone sus propias ideas y sentimientos en esos seres del pasado, y así han hecho siempre los más grandes creadores. Ibsen confesaba: «Todo lo he buscado en mí mismo, todo ha salido de mi corazón». De modo tal que ningún escritor puede crear un personaje más grande que él mismo, y si lo toma de la historia tratará de achatarlo hasta su nivel: el Napoleón de Ludwig no es mucho más alto que su culpable. Al revés: modestos seres llegan a alcanzar la estatura de sus cronistas. Es muy probable que Laura o Beatrice hayan sido imperfectas o triviales mujeres, pero fueron levantadas y eternizadas a la altura de las grandes almas que las cantaron. El novelista, el poeta, hace con sus mujeres lo que en escala humilde hace todo enamorado con su amada.

LIBERTAD DE LOS PERSONAJES. Los seres reales son libres. Si los personajes de una novela no son también libres, son falsos; y la novela se convierte en un simulacro sin valor.

El autor se siente frente a un personaje como un espectador ineficaz frente a un ser de carne y hueso: puede ver, hasta puede *prever*, el acto pero no lo puede evitar. Hay algo irresistible que emana de las profundidades del ser ajeno, de su propia libertad, que ni el espectador ni el autor pueden impedir.

Lo curioso, lo ontológicamente digno de asombro, es que ese personaje es una hipóstasis del propio autor. Es como si una parte de su ser fuese esquizofrénicamente testigo de la otra parte, y testigo ineficaz.

La vida es libertad dentro de una situación, pero la novela es una *doble libertad*, pues nos permite ensayar (misteriosamente) otros destinos: es a la vez una tentativa de escapar a nuestra finitud –valor ontológico– y una evasión de lo cotidiano –valor psicológico.

RAZÓN Y LITERATURA. Cuando el auge de la razón, recomendaba Boileau:

> *Aimez donc la Raison. Que toujours vos écrits*
> *empruntent d'elle seule leur lustre et leur prix*

Pero la creación literaria nunca obtuvo «d'elle seule» nada de profundo y valedero. No se escribe un poema o una novela con la cabeza: se escribe con todo el cuerpo y con toda el alma, como en los sueños. Además, lo razonable es lo normal: ¿y qué tiene que ver el arte con la normalidad? Todos los grandes creadores y aun los creadores a secas son anormales y neurópatas. La creación es mágica, imaginativa, irracional. Lo que la razón realiza luego es un trabajo de limpieza, semejante al del minero que separa el mineral valioso de la ganga, pero cuidando de no dañarlo, siguiendo modestamente sus límites. Creer que la razón crea la materia artística es tan absurdo como imaginar que el minero produce el mineral con sus martillos y zarandas. La razón impone arquitecturas y proporciones. La razón cuida el lenguaje: un contenido oscuro y misterioso no tiene por qué expresarse en un lenguaje oscuro y misterioso. A la inversa, debe ser tanto más preciso y neto cuanto más tumultuosa e indefinida es la materia que se ha de expresar. Lo impreciso requiere, paradojalmente, una minuciosa precisión de lenguaje. Basta pensar en Proust.

LITERATURA Y METAFÍSICA. El error consiste en creer que la metafísica únicamente se encuentra en vastos y oscuros volúmenes escritos por profesores. Cuando, como dijo Nietzsche, la metafísica está en la calle. El bien y el mal, la muerte, el destino, no son problemas abstractos sino que están unidos a la suerte del hombre concreto, ese hombre que habita en la realidad y en la ficción. ¿Cómo puede eludir la metafísica una novela profunda? Es claro que, para encarnarse, esos problemas del amor o de la muerte se vuelven psicología o sociología, pero no hay que engañarse: debajo está siempre, inexorablemente, la metafísica. Los hombres actúan en una época, dentro de un sistema de convenciones, pero sus enigmas esenciales no tienen tiempo ni lugar.

Nuestra época acentúa el carácter metafísico de la ficción, al mismo tiempo que atenúa el costumbrismo y el folklore. No porque la novela se haga cosmopolita, ni porque adquiera los mismos atributos del bridge, las playas internacionales o los grandes hoteles de París o Buenos Aires; sino porque va alcanzando la *universalidad por abajo,* por el vasto subsuelo de los misterios metafísicos. ¿Qué tiene Kafka de checoslovaco?

Resultando así que *los mismos temas* de la vieja literatura van cobrando *otro sentido:* el sexo no es el mismo en France que en Julien Green, la aventura no tiene el mismo sentido en Stevenson que en Malraux.

PRESTIGIO DEL SISTEMA. Jaspers precedió a Heidegger, Marcel precedió a Sartre. Pero no se cree sino en lo sistemático.

Por otro lado, sistematizar el existencialismo es tan notable como codificar el surrealismo, de la manera que Breton lo hizo, inaugurando esa especie de Academia de Buenas Costumbres en el Infierno.

PATRIA Y MATRIA. Según Unamuno, el varón es patriota mientras que la mujer es matriota. La matria es lo biológico: la tradición, el terruño, el hogar, la familia. La patria es lo político: la abstracción, el poder, la idea.

Como todo lo masculino, la patria es centrífuga, tiende al agrandamiento y a la (correlativa) abstracción: las grandes naciones aparecen en Europa con el auge del capitalismo, de la ciencia abstracta, del racionalismo. Francisco I es contemporáneo de Leonardo.

El conocimiento y el yo concreto. El racionalismo, adorador de lo abstracto –abstracción = separación–, pretendió separar la razón de la emoción y la voluntad, y mediante ella y sólo mediante ella conocer el mundo. Como la razón es universal, pues dos más dos vale cuatro para todos, y como lo válido para todo el mundo parece ser la Verdad, entonces *lo individual era lo falso.* Así se desacreditó lo subjetivo, lo emocional, lo sentimental. Así fue guillotinado el hombre concreto –¿qué otro hombre hay?– en nombre de la Objetividad y la Verdad.

Aun admitiendo que esta doctrina fuera cierta para el conocimiento *del mundo externo,* era una locura proclamarla como el más alto ideal a que podía aspirarse (Descartes), pues equivalía a establecer la supremacía de los triángulos sobre los hombres, de los satélites de Júpiter sobre el problema de la existencia humana. Con toda la razón, Kierkegaard, Dostoyevski y Nietzsche se indignaron. Pero esta protesta no habría pasado de una mera insurrección romántica y subjetivista sin el descubrimiento de Husserl. Desde ese momento, capital para el pensamiento, el mundo no puede prescindir del yo concreto, pero el yo concreto no puede prescindir del mundo: la realidad es una co-presencia.

El arte como forma de conocimiento. Lo que podemos conocer de la realidad mediante los esquemas de la razón se parece a lo que podríamos saber de París examinando su plano y su guía de teléfonos, o a lo que un sordo de nacimiento podría imaginar de una sinfonía observando la partitura.

Las regiones más valiosas de la realidad –la más valiosa para el hombre y su existencia– no son aprehendidas por esos esquemas de la lógica y la ciencia. Querer aprehender el mundo de los sentimientos, de las emociones, de lo vivo, mediante esos esquemas es como querer sacar agua con horquillas.

De las tres facultades del hombre, la ciencia sólo se vale de la inteligencia y con ella *ni siquiera* podemos cerciorarnos de que existe el mundo exterior. ¿Qué podemos esperar de problemas infinitamente más sutiles? La realidad no está sólo constituida por silicatos o planetas, aunque buena parte de los hombres de ciencia parezcan creerlo. Un amor, un paisaje, una emoción, también pertenecen a la realidad, ¿pero mediante qué conjunto de logaritmos y silogismos pueden ser aprehendidos?

El arte y la literatura, pues, deben ser puestos al lado de la ciencia como otras formas del conocimiento. Entre ambos órdenes de conocimiento pueden establecerse las siguientes antítesis:

Ciencia	-	Arte
demostración	-	mostración
por qué	-	cómo
explicación	-	descripción
abstracción	-	concreción
concepto	-	intuición
universalidad	-	individualidad

Es natural, por lo tanto, que la nueva filosofía se haya acercado a la literatura: ésta ha sido siempre existencialista.

LITERATURA Y OBJETIVIDAD. La ciencia aspira a la objetividad, pues para ella lo verdadero equivale a lo objetivo. Para la novela, en cambio, la realidad es lo objetivo y lo subjetivo, de modo que está en mejores condiciones para captar la realidad entera. Aun en las novelas más subjetivas (Proust), no puede prescindirse del mundo y de los demás. Y aun en la novela más pretendidamente objetiva –esa pretensión es siempre ridícula–, el sujeto se manifiesta a cada instante, no el sujeto de los personajes sino el del propio autor: aunque deje hablar a sus personajes sin inmiscuirse, ¿qué son ellos sino hipóstasis de su propio yo? ¿Y acaso no interviene la subjetividad del autor en la elección del tema, de los personajes, de las circunstancias, de los sentimientos?

En resumen: en tanto que la ciencia prescinde del sujeto, la novela no puede hacerlo. Pero esta imposibilidad es precisamente su virtud como instrumento de aprehensión de la realidad.

De lo subjetivo a lo universal. Pero lo paradojal es que el arte y la literatura trascienden el yo mediante su profundización. Mediante esta dialéctica existencial alcanzamos lo universal a través de lo individual: cuando he sentido y expresado a fondo mis sentimientos más profundos, cada uno de los lectores se sentirá tocado en sus propios problemas. Profundizando en mi propio yo –y solamente así– puedo alcanzar la realidad de los demás.

¿Qué hombres más opuestos que un obrero y un capitalista? Una novela sociológica no pasará nunca de sus diferencias. Pero si *ahondamos* suficientemente en ambos frente a una situación límite, como puede ser un naufragio, los dos revelarán, por debajo de las costumbres y las relaciones sociales, la esencialmente idéntica *condición humana* ante la muerte. ¿Y qué es esta época sino una especie de naufragio?

Sobre la novela argentina. Es casi un lugar común reprochar a los argentinos no haber escrito aún la novela representativa. Pero si es fácil entender qué es lo representativo en Ecuador, es infinitamente difícil definirlo en nuestro país. Resulta una tarea sencilla escribir la novela del indio ecuatoriano, figura bien delineada en una realidad de estratos seculares; mientras que el hombre argentino es de contornos indecisos, complejos, variables y caóticos. El mundo es hoy un caos, pero nuestro país lo es doblemente, pues al caos universal suma el que resulta de su condición de país inmigratorio.

Nuestra tragedia consiste en buena parte en que no habíamos terminado de hacer un país cuando el mundo comenzó a derrumbarse; esto es como un campamento en medio de un terremoto. Y aunque la única posibilidad de describir este doble caos resida en la literatura –ya que la pintura y las artes en general requieren un orden más definido–, esa posibilidad no ha de realizarse ciertamente en una sola novela ni en un sola obra de teatro ni en un solo poema, sino a lo largo de toda una literatura. Habrá que interpretar muchos matices, muchos personajes y aspectos de nuestra realidad: la oligarquía en decadencia, el gaucho pretérito, el gringo enriquecido, el gringo que siente nostalgia de su patria lejana, el habitante cosmopolita de Buenos Aires –indiferente y apátrida, el hijo y el nieto de inmigrantes.

Para los lectores foráneos, sobre todo para los norteamericanos, es muy sencillo: tenemos que escribir sobre el gaucho. Cuando el hombre medio de los Estados Unidos oye hablar de nuestro país, en efecto, cruzan por su cabeza vagas imágenes de gauchos con sombreros mexicanos. Al llegar al Río de la Plata se decepciona con esta mezcla monstruosa de París y Chicago, Nápoles y Nueva York, Londres y Madrid que es Buenos Aires, con sus cinco millones de agitados y convulsivos ciudadanos. Después de defraudarlo con la realidad nos vemos obligados, groseramente, a defraudarlo con la literatura. Por cortesía querríamos ofrecerle, al menos, gauchos literarios. Pero eso es tan arduo como mostrarle alguno de carne y hueso. Lo primero que se nos ocurre es exhibirle *Martín Fierro;* luego, fatalmente, recurrimos a *Don Segundo Sombra,* escrito por un estanciero educado en París; luego, ya no sabemos qué ofrecerle. De pronto nos sentimos avergonzados, vagamente culpables porque el norteamericano nos sorprende en un subterráneo en vez de encontrarnos arriando vacas. Y empieza a parecernos como si no tuviéramos derecho a sufrir problemas psicológicos o metafísicos como un hombre de París o Nueva York. Pero ¿qué podríamos hacer? Buenos Aires pesa tanto en la economía y en la cultura del país que los escritores, en su inmensa mayoría, son escritores de Buenos Aires; la tercera parte de la población del país se aglomera en ella y en sus suburbios. Nuestra literatura resulta así urbana y cosmopolita. El gaucho se ha convertido en una añoranza y también en un símbolo de nuestros nacionalistas que, en medio de judíos, vascos, italianos y polacos, sueñan con una metafísica argentina pura. En un tiempo recorrían las calles de la ciudad gritando: «¡Mate sí, whisky no!», propagando la dudosa teoría de un gran consumo de whisky entre los liberales. No entiendo qué relación puede haber entre la sed y la sociología. Sin duda, la vida patriarcal de nuestros campos hacia comienzos del siglo era más hermosa que esta que sufrimos en la actualidad. Mas, para bien y para mal, el escritor tiene que enfrentarse con su realidad, por dura y funesta que sea. Nadie puede rehuir su tiempo y su realidad, so pena de escribir trivialidades sin carne ni sangre. Somos, quizá por desgracia, escritores ciudadanos y hasta cuando hablamos de la pampa lo hacemos desde Buenos Aires, como Martínez Estrada, que escribió *Radiografía de la Pampa* desde su escritorio del Correo Central. Borges, en sus sofisticados cuentos fantásticos, suele introducir personajes campesinos; pero él ni siquiera sabe andar a caballo. En un hermoso poema, escrito mientras el tren atravesaba la vasta llanura pampeana, comienza diciendo:

> Una amistad hicieron mis abuelos con esta lejanía,

para terminar confesando con melancolía:

> Soy un pueblero y ya no sé de esas cosas,
> soy hombre de ciudad, de barrio, de calle.

Esta superposición de una nueva Argentina, inmigratoria e industrial, a la vieja Argentina semifeudal se manifiesta literariamente en tres tipos de escritores: el aristocrático, el plebeyo y la síntesis de ambos. Estancieros como Güiraldes vivían buena parte de su vida en Europa y su cultura era la cultura de un bachiller parisiense. No debe asombrar que Victoria Ocampo escriba originalmente en francés y que haya que traducirla luego al castellano, puesto que se educó con gobernantas francesas, tal como sucedía con la clase alta de la vieja Rusia. En el otro extremo surgieron los escritores plebeyos, como Roberto Arlt, influidos por los grandes escritores rusos del siglo pasado y por la literatura revolucionaria; lo que es natural, porque nuestra inmigración fue pobre y proveniente de países que, como España e Italia, tenían una fuerte tradición anarquista y socialista. Muchos hijos de obreros o artesanos de la inmigración se crearon en esa atmósfera y sintieron la influencia de la literatura rusa y de las doctrinas de Bakunin, de Marx y de Kropotkin, en lugar de educarse en las páginas de Marcel Proust o de Henry James, como paralelamente sucedía entre los jóvenes de la clase superior. Esa división se manifestó en dos grandes grupos literarios hacia 1920: el de Boedo, calle popular por excelencia, y el de Florida, calle refinada y expresión exquisita –en aquel tiempo– del buen gusto patricio.

Al producirse la crisis universal de 1930, en nuestro país terminó la era del liberalismo con la caída del partido radical. Entonces, esa división literaria se hizo más aguda porque muchos escritores de la nueva generación se formaron espiritualmente en esa época de derrumbe de instituciones e ideas. Y así, mientras en Borges y en otros representantes de la literatura «pura» se acentuaba el encierro en la torre de marfil, en otros se precipitaba su tono hacia lo revolucionario y social. Se cometieron y se cometen aún, como consecuencia, errores opuestos pero igualmente nefastos para la obtención de una buena literatura.

Frente a esta mutua incomprensión de los partidarios de «lo puro» y de «lo social», un grupo de nuevos escritores iniciaron una síntesis. Son escritores que, sin desdeñar las enseñanzas de la clase literariamente más educada, tuvieron la suerte o la desgracia de pasar por duras experiencias sociales y políticas. En tales condiciones, su literatura cobró un acento metafísico que se contraponía al afán generalmente esteticista de la generación borgiana. Y la repugnancia de fondo por los problemas meramente literarios los llevó a una forma más desnuda y severa, en contra de la vieja pompa estilística de estirpe española. Y así, sin desdeñar la belleza pura, estos nuevos escritores se colocan en el lado de hombres como Malraux, Sartre, Kafka, Graham Greene, Bernanos y Camus.

Índice

José Olivio Jiménez
Carlos Javier Morales

La prosa modernista hispanoamericana Introducción crítica y antología

L 5303

Si bien la poesía modernista constituye uno de los capítulos más gloriosos de la literatura hispanoamericana, no siempre se ha reparado en la prosa que esos mismos poetas y otros autores escribieron, muy a menudo forjando en ella buena parte de los recursos necesarios para la renovación del verso. En LA PROSA MODERNISTA HISPANOAMERICANA, además de los textos en prosa agrupados en sus diferentes géneros (ensayo, crónica, narrativa y poema en prosa), JOSÉ OLIVIO JIMÉNEZ y CARLOS JAVIER MORALES nos ofrecen unos estudios introductorios al movimiento modernista y a cada uno de los géneros, extremadamente esclarecedores para la valoración de cada texto y para la comprensión global del fenómeno modernista.

Julio Cortázar

Los relatos, 3: Pasajes

L 5307

La atmósfera inquietante que impregna los cuentos de JULIO CORTÁZAR (1914-1984) y que hace de muchos de ellos lecturas inolvidables proviene no sólo de la conjunción del talento con una maestría poco corriente en el género, sino también de su decidida apertura a la irrupción de lo insólito en una realidad bajo la cual se siente latir algo más. Esta recopilación de LOS RELATOS de Cortázar en cuatro volúmenes, ordenada por el propio escritor poco antes de su fallecimiento, sigue criterios de afinidad independientes del orden temporal de su aparición. Los títulos de los volúmenes –«Ritos», «Juegos», PASAJES y «Ahí y ahora»– apuntan oblicua y a veces irónicamente hacia las líneas de fuerza que organizan esos textos en una nueva estructura significativa.

Ramón Chao

Conversaciones con Alejo Carpentier

L 5304

Periodista, musicólogo, estudioso de la mitología y del folklore, hombre de vasta cultura y excepcional novelista, Alejo Carpentier (1904-1980) es una figura señera de las letras hispánicas del siglo XX y uno de los principales creadores de lo que se ha dado en llamar "real maravilloso". Compuestas, como explica RAMÓN CHAO en el Prólogo, a partir de las conferencias, ensayos, declaraciones y artículos del gran escritor cubano –además, claro está, de los múltiples encuentros propiciados por su mutua amistad–, estas CONVERSACIONES CON ALEJO CARPENTIER, que recibieron su expresa aprobación, son una espléndida obra de taracea que nos procura una de las más completas y personales panorámicas del autor de «Los pasos perdidos».